武

国家出版基金项目
NATIONAL PUBLICATION FOUNDATION

『十四五』时期国家重点图书
出版专项规划项目
第八届中华优秀出版物奖图书奖

中华武术通史

第三卷◎

清末至民国

总主编　马学智　崔乐泉

主　编　李印东　副主编　王智慧　何　英

北京体育大学出版社

策划编辑：赵月华　孙宇辉
责任编辑：田　露　孙宇辉
责任校对：吴　珂
封面设计：王齐云
版式设计：北京华泰联合图文设计制作中心
封面题字：柴天鳞

图书在版编目（CIP）数据

中华武术通史. 第三卷，清末至民国 / 李印东主编
. -- 北京：北京体育大学出版社，2021.12（2023.9重印）
ISBN 978-7-5644-3503-5

Ⅰ. ①中… Ⅱ. ①李… Ⅲ. ①武术－体育运动史－中国－清后期②武术－体育运动史－中国－民国 Ⅳ. ①G852.09

中国版本图书馆CIP数据核字(2021)第256317号

中华武术通史　第三卷　清末至民国　　李印东　主编
ZHONGHUA WUSHU TONGSHI DISANJUAN QINGMO ZHI MINGUO

出版发行：北京体育大学出版社
地　　址：北京海淀区农大南路 1 号院 2 号楼 2 层办公 B-212
邮　　编：100084
网　　址：http：//cbs.bsu.edu.cn
发 行 部：010-62989320
邮 购 部：北京体育大学出版社读者服务部 010-62989432
印　　刷：三河市龙大印装有限公司
开　　本：710mm × 1000mm　　1/16
成品尺寸：155mm × 235mm
印　　张：15.75
字　　数：172 千字
版　　次：2021 年 12 月第 1 版
印　　次：2023 年 9 月第 2 次印刷
定　　价：128.00 元

《中华武术通史》丛书编委会

与流派的起源与发展如何，中华武术的思想内涵与文化价值及演进特点与规律如何，武术在社会生活中与政治、经济、军事、民族关系等是如何互动的，武术在中华传统文化中的地位与影响如何，中华武术的时代精神是什么？这些问题的研究与解决，必将为中华武术在当代社会的弘扬与推广提供坚实的历史支撑与理论基础，对于提升文化软实力，增强中华民族凝聚力，增加中华优秀传统文化在国际社会的吸引力，促进中华文明与世界文化的交流互鉴发挥重要的文化功能与社会作用。

《中华武术通史》系统阐述了武术发展的历史进程及文化成因，把武术历史与文化有机融合，使其更具系统性、条理性、科学性。该丛书的出版丰富了我国体育史的内容，使其更具完整性。该丛书的出版能让世人更加全面、深刻地了解中华民族优秀传统体育的光辉历史及发展脉络，提升中华民族的凝聚力、增强文化自信和加强民族团结，使中华民族优秀传统文化进一步发扬光大，使武术成为世界文明史上一颗灿烂的明珠。

今年是中国共产党成立一百周年，谨以此书向党献礼，这也是我们武术人一种无上的光荣！

是为序。

国家体育总局武术研究院

专家委员会主任

张山

2021 年 5 月

序

武术是中华优秀传统文化的重要组成部分，它文化底蕴深厚，历史传承悠久，至今仍然广泛流行，发挥着重要的体育、社会和文化功能。

党的十八大以来，党和国家的建设事业取得了历史性变革和伟大成就，国际国内形势也发生巨大变化。党的十九大报告正式提出中国发展新的历史方位——中国特色社会主义进入了新时代。2019 年 8 月，国务院《体育强国建设纲要》发布，其中明确指出，要实施中华武术“走出去”战略，要推进传统体育项目文化的挖掘和整理，开展体育文物、档案、文献等普查、收集、整理、保存和研究利用工作。自从 1919 年郭希汾的《中国体育史》系统介绍中国武术以来，历经一个多世纪的学术积累与发展，国内外武术史研究已经取得较为丰硕的学术成果，然则仍显不足。

进入 21 世纪以来，中国社会发展取得巨大成就，中国对世界的影响越来越全面而深入，世界对中国的关注也越来越广泛而深刻。国家发展形势与世界格局发生巨大变化，同时给体育界、文化界、思想界、理论界提出新任务、新课题、新挑战，武术史研究也迎来新局面，进入新领域。如何整体把握中华文明发展演变的历程及其对世界文明的影响与贡献，如何理解中华武术与中华文明的关系，中华武术的总体历史演进脉络如何，武术各门类

总　论

武术是中华文明与文化发展的重要组成部分，是源远流长的东方传统体育体系中最具特色的文化形态之一。在中华武术日益走向世界的今天，对其在不同历史时期的演进历程进行研究，从弘扬中华传统文化的角度而言，有着更直接的现实意义。

对中华武术的系统研究始于民国初年。1919 年由上海商务印书馆出版、郭希汾（1893—1984）编著的《中国体育史》，第一次对中国武术史做了较为系统的梳理。该书共分十编，其中“角力”“拳术”“击剑”“弓术”等四编属武术史的内容，反映出武术历史已经成为中华古代体育体系中的主要组成部分。尤其是在角力、拳术、器械诸编中再分种属、流派加以论述的体例，对后来中国武术史研究产生了深远影响。

继郭希汾的《中国体育史》之后，20 世纪 30 年代相关武术史专著开始出现。如 1932 年杭州集益合作书局出版的由李影尘编著的《国术史》，成为近代中国第一部武术专门史。该书分列概论、记述、支派、传考、摔角[1]、剑考、剑术、器械、图考

〔1〕摔角：同“摔跤”。

等九章，分别梳理了内家拳、外家拳、潭腿[1]、查拳、短打、太极、形意等的渊源。此书虽然记述极其粗略，但在中国武术专门史的研究方面，有着开创之功。

与上述武术专门史的著述同时，一些武术理论与技术综合性的书籍，开始对武术史的研究有所涉及。如1936年武术教育家吴图南（1884—1989）的《国术概论》一书，就在第四章《国术史略》中系统地论述了太极、形意、八卦、少林、通臂等主要拳种的历史渊源和传播脉络，尤其是该书挖掘的清末以来诸拳种流派演变的史实，翔实可信，有着较高的参考价值。

20世纪30年代出现的两位功底深厚、治学严谨的武术史家唐豪与徐震，将早期中国武术史的研究推向了一个新的发展阶段。

唐豪（1897—1959），字范生，中国近代著名武术史学家、体育史学家。曾任中央国术馆编审处处长，20世纪50年代到国家体委从事体育史料编撰工作。先后出版有《少林武当考》《少林拳术秘诀考证》《行健斋随笔》《中国武艺图籍考》等多种武术史研究著述，并参与《中国体育史参考资料》第一至八辑的编写。徐震（1898—1967），字哲东，青年时即酷爱武术，文武兼长，曾任西北民族学院中文系教授。他以科学的态度对武术源流史实进行了诸多研究。先后出版有《国技论略》《太极拳考信录》《太极拳谱理董辨伪合编》《少林宗法图说考证》等多部著作。

唐豪和徐震对武术史研究的重大贡献，一是通过对大量史料的分析与严谨考证，就《易筋经》的来源问题进行了分析，对少

〔1〕潭腿：同“弹腿”。

林拳、太极拳源流提出了较为可信的科学结论[1]。二是他们对待武术史研究严谨的科学方法与态度，为后来武术史研究奠定了基础。为取得可信资料，唐豪曾多次到登封少林寺、温县陈家沟等地实地考察，徐震亦多次深入民间挖掘武术谱籍。这种通过实地调研获得第一手资料的实证性研究方法，为后来武术史研究树立了典范。三是为了规范武术史的研究，唐、徐二人对武术文献学、目录学的建立做出了努力。1940 年由上海市国术协进会出版的唐豪编著的《中国武艺图籍考》，将中国武艺分为诸艺、角力、手搏、擒拿、射、弹、弩、枪、棍、戈、戟、刀、剑、斧、干盾、狼筅、镗钯、器制、仪节等，在分类详列有关典籍著述史料的同时，亦介绍了作者的年代以及相关武艺的性质、意义，进行了真伪辨识和价值评判等。同类著述还有《中国民族体育图籍考》和《行健斋随笔》等；而徐震的《太极拳考信录》和《太极拳谱理董辨伪合编》等著述，亦通过对浩繁的太极拳文献的系统整理，就相关文献学和目录学的建立做了尝试性分析。

20 世纪五六十年代，学界就着手对中国武术史进行研究，如在当时国家体委组织的体育史资料搜集整理中，就涉及诸多武术史的史料和研究。不过真正系统的研究和史料整理，则出现在 20 世纪 80 年代。70 年代末由日本松田隆智编写的《图说中国武术史》，经吕彦、阎海译成中文，于 1984 年以《中国武术史略》之名由四川科学技术出版社出版。此书在搜集中国武术史料的基础上，分项介绍了中国武术拳种的历史。该书虽然尚未形成一个完整的中国武术史系统，且缺乏对武术发展规律的整体把握，但

[1] 旷文楠：《中华武术历史研究的回顾与展望》，《成都体育学院学报》1995 年第 3 期。

对一个外国作者而言，其严肃的治学态度和取得的成绩也是难能可贵的。1985 年，成都体育学院习云太[1]先生编著的《中国武术史》出版，该书第一部分按朝代概述了从远古到现代武术发展的历程，第二部分则以拳种、器械为体系叙述其简要历史与特色。两个部分、两种体系互为补充，较为全面地反映了中华武术发展历史轨迹。在同一时期，随着全国各地掀起修史、撰志热潮，尤其是随着全国武术挖掘整理工作的进行，一些省市（区域性）的武术史志相继出版，如《广东武术史》《湖北武术史》《沧州武术志》等。众多武术史料的挖掘与整理、出版，填补了我国武术史研究的空白，对武术史研究具有深远的影响。

随着中国武术史研究的整体推进，20 世纪 90 年代，以通史性质编撰的武术史研究成果纷纷问世。1993 年，由张纯本、崔乐泉合著的以古代武术为研究主体的《中国武术史》在台北文津出版社出版。该书最大特点是运用诸多文献和考古学史料，按照历史年代分述各朝代武术发展的历史。1994 年，由林伯源[2]编著的《中国武术史》在北京体育大学出版社出版。该书在体系上以朝代为序，先后论述了武术发展的历史，相对于习云太的《中国武术史》，对民国时期和抗日战争时期武术的发展情况做了更详尽的描述，对明清两代的武术论述也更为深入。1997 年，人民体育出版社出版的由国家体委武术研究院组织众多武术史专家编纂的《中国武术史》，仍然采用朝代为序的通史编写方式，上自中国武术的发源，下至 20 世纪 90 年代初。这一时期出现了多

[1] 习云太：又名“习云泰”。
[2] 林伯源：又名“林伯原”。

部武术通史著述，在吸收多学科研究成果的基础上，极大地丰富了武术史研究的内涵，标志着中国武术史研究达到了较高的水平。

进入21世纪，在通史性中国武术研究方式畅行的基础上，区域武术史及武术专题史的研究方兴未艾。代表性著述主要有蔡宝忠的《中国武术史专论》、周伟良的《中国武术史》、余水清的《中国武术史概要》、于志钧的《中国传统武术史》、郭志禹的《中国武术史简编》、邱丕相的《中国武术史》等。此外上海体育学院郭志禹教授带领他的博士生分别对中州、巴蜀、吴越、齐鲁、燕赵、陇右、荆楚、岭南、关东、秦晋、闽台、漠南、青藏、西域等地域武术展开深入的研究，先后出版了《中州武术文化研究》《岭南武术文化研究》《滇黔武术文化研究》《关东武术文化研究》等书籍。而其他区域武术史研究成果也陆续问世，如《河北武术文化》《浙江武术文化研究》《大连武术简史》《晚清民国时期的广东武术》等。总体上说，这些论著具有较大的理论及实践价值，它们的出版为进一步认识博大精深的中国武术起到了积极的作用，也表明中国武术研究在向精细化方向发展。

总之，21世纪以来的武术史研究，已经向更宽广、更深入的领域拓展，尤其是相关武术通史、区域武术史、专题武术史等多体例研究成果的出现，进一步拓展了中华武术历史发展的研究范围。

国运盛，体育兴。随着时代的进步和中国当代体育事业的不断发展，人们对悠久的中国武术历史文化也开始给予了更多的关注。而遵循历史唯物主义的原则，应用通史的形式，整理和传播具体的中华武术历史文化知识，则理所当然地成为一项时代的重要工程，也成为武术历史文化工作者责无旁贷的任务。基于上述考虑，在北京体育大学校领导的大力支持下，通过多方论证筹备，2019 年 12 月《中华武术通史》项目的编撰工作正式启动。

《中华武术通史》按照中国古代武术史、中国近现代武术史和中国当代武术史三个大的历史阶段进行划分，以古代两卷、近现代一卷和当代两卷的形式，分别对不同时代中华武术的发展历程进行了研究和梳理。

《中华武术通史》第一卷，以史前文化时期的武术前形态至隋唐五代多元王朝体系中的武术创造为历史区间，叙述了武术第一次从捕食和军事战争中分离出来，人文化成为集德性、审美、礼仪、教育功用为一体的人本精神载体的历史进程，呈现出为日后武术的成熟与发展奠定前提与基础的武术“元历史”阶段的文化形态。

《中华武术通史》第二卷，对宋、元、明、清时期的武术发展做了全面分析。尤其是对宋元民族交流与融合时期武术体系的形成与发展、明代趋于成熟的武术套路与武术拳种流派以及清代完善的武术技术体系及理论体系，做了有针对性的研究。

《中华武术通史》第三卷，全面阐释了清末的社会变革对民国时期武术的影响；在尚武精神和军国民主义教育思潮影响下，民国初年武术的再次勃兴；民国中期武术运动的蓬勃发展；全面抗战到中华人民共和国成立前夕武术运动的开展情况等。

《中华武术通史》第四卷，以 1949 年 10 月 1 日中华人民共和国成立至 1982 年第一次全国武术工作会议召开之间 30 余年的武术发展为研究对象。内容涉及了诸如“国术”易名为“武术”、中国武术协会成立以及党的十一届三中全会后武术迎来新的发展机遇等。1982 年第一次全国武术工作会议的召开，拉开了武术发展的新序幕。

《中华武术通史》第五卷，以 1990 年第 11 届亚运会和 2008 年北京奥运会为节点，分别围绕武术管理、竞技武术、传统武术、学校武术、武术科研和武术国际化六个方面横向铺开，纵向贯通，深层次、多维度、全方位叙述了 1983 年以后中国武术的发展历程。

《中华武术通史》由北京体育大学中国武术学院院长马学智教授和中国体育博物馆崔乐泉研究员担任总主编，第一卷由华东师范大学张震副教授担任主编；第二卷由杭州师范大学李吉远教授担任主编；第三卷由北京体育大学李印东教授担任主编；第四卷由天津体育学院杨祥全教授、北京体育大学李英奎教授担任主编；第五卷由北京体育大学武冬教授担任主编。初稿完成后由马学智教授和崔乐泉教授通读全书并提出修改建议。《中华武术通史》各卷分之可独立成书，合之为一有机整体。参加撰写的学者 40 余人，其中大多为国内各院校的体育史、武术史、民族传统体育学科研人员。同时我们还邀请国内有关科研机构的专家参与本书的编写工作。

作为一个集体性的项目，本书涵盖了中国武术上下数千年发展的历史，以及武术在长期发展过程中与政治、经济、文化等的交融与影响，因此我们力求在现有的文献资料、考古资料和研究成果的基础之上，于撰写中突出历史性、科学性、全面性和客观性，同时更要有创新性。鉴于《中华武术通史》尤其是当代中国武术史编写的复杂性和难度，我们自项目启动伊始，先后邀请史学理论与史学史研究权威、北京师范大学资深教授瞿林东先生及武术界耆宿张山先生、门惠丰先生等担任总顾问，多次召开座谈会，就提纲的拟定及编写的具体原则征求意见和建议，并召开数次由各卷主编和具体编写人员参与的研讨会，从源头上保证丛书的编写质量。书稿基本完成后，还得到上海体育学院邱丕相教授和苏州大学罗时铭教授的悉心指导。尽管如此，对于这样一部由几十人参与，涉及年代如此之长久、地域如此之广阔、内容如此之广泛、问题如此之复杂的庞大著作，其中的不足和缺陷在所难免，我们诚挚地希望得到读者的批评与指正。

《中华武术通史》在编写出版过程中，得到了国家体育总局武术运动管理中心和武术研究院有关领导、专家的关心、鼓励和悉心的指导；中国体育博物馆、华东师范大学、杭州师范大学、天津体育学院等相关院校、体育科研机构给予了无私的帮助和大力的支持。

作为国内知名体育专业出版机构，北京体育大学出版社承担了《中华武术通史》的编辑出版工作。在赵月华副社长带领下，出版社成立了《中华武术通史》项目组，闫翔社长、郭晓勇总编辑亲自承担审读工作，并给予项目极大支持。孙宇辉、赵海宁、田露、姜艳艳、吴珂、韩培付、吕哲等老师，以认真负责的精神和饱满的热情，组织统稿会、审读书稿、提出修改意见和建议，做了大量的编审校工作，正是他们的辛勤努力使得本通史能够顺利出版。就在即将完成全部编辑工作之时，经北京体育大学出版社申报，《中华武术通史》被列为 2021 年度国家出版基金资助项目，这不仅是北京体育大学出版社首次获得国家出版基金项目资助，也是体育类专业出版社近年来首次入选该项目。

在《中华武术通史》付梓之际，我们向所有关心、指导、支持和帮助过我们的同志，向全国各相关单位的朋友表示衷心的感谢！

马学智　崔乐泉

2021 年 5 月 12 日

目　录 Contents

绪 论

鸦片战争后，在西方列强坚船利炮护航的“自由”商品贸易的重压下，中国自给自足的自然经济逐步瓦解，固化的封建专制基础开始动摇，中国社会的各方面都开始发生变革。

在历史长河中，中华武术与军事武艺一道随着冷兵器时代的军事征战和朝代更迭而推陈出新。清末武术各拳种流派趋于成熟，风格迥异，呈现百家争鸣的态势；气功、导引等呼吸吐纳之术与太极拳等内家拳法相融合，形成了融防身自卫与健身养生为一体的特征。随着冷兵器时代的结束，军事武艺逐步退出历史舞台，武术的体育化成为历史必然。传统武术在东西方文化的冲突与对抗中走向融合与多元，完成了向现代体育的转变。

《中华武术通史》共五卷，本册为第三卷，居于中则须承前启后。“前”即是与军事武术相辅相成的用于个人防卫的传统武术，“后”即是成为现代体育项目的武术运动。本卷的任务就是用史料清晰描述这一转变的历程。

本卷共分四章。第一章讲述了清末民初，义和团的滥觞与失败、武举制的终结，传统武术逐步陷入发展的困境。这一时期，受到邻国日本的影响，在《中国之武士道》的激励下，在军国民主义教育思想的带动下，处于传承困境中的武术迅速扭转被淘汰的局面，成为尚武精神的代表，成为振奋民族精神、对抗外族入侵、捍卫民族自尊的文化堡垒。以精武体育会的成立为标志，武术人发出了“强国强种”的时代呼唤。第二章讲述的是民国初年，武术为了适应社会需求所做出的各种调试和变革。在军国民主义教育思想的影响下，武术为了融入西式学堂，从内容到形式都发生了改变；在军中，删繁就简的“中华新武术”名噪一时；社会精英的大力倡导，成为武术近代发轫的强大动力，武术在各类学校的勃兴和民族救亡图存中寻找着自身的定位，以北京体育研究社为代表的民间武术组织的创建顺应了时代潮流。第三章主要讲述的是中央国术馆的创建过程，还原其将“武术”上升为“国术”的历史史实，并用翔实的史料记录了中央国术馆及其全国分支机构的管理运营状况，整理了中央国术馆两次国术考试和浙江国术游艺大会、上海国术擂台比赛的成绩资料，梳理了中央国术馆及各地方分馆的学术研究成果及其影响。第四章的内容为全面抗战爆发后到新中国成立前夕的武术发展概况。在抗日战争中，以尚武精神培养出的中国军人英勇奋战，表现出非凡的勇气，立下了卓越的功勋而彪炳史册。

作为中华优秀传统文化的代表，武术浓缩了中华先民的生存智慧，体现了中华民族自强不息的奋斗精神。它上通《易经》，合于儒、释、道三家，与古代兵法、传统中医学、养生术、艺术、戏曲、书法等都有交会与融通，可谓“中华文明的全息缩影”〔1〕。正因为武术文化内涵之丰富非一个体育项目所能涵盖，所以武术

〔1〕 李印东：《武道神艺——中国武术》，北京教育出版社，2013，序。

体育化进程面临着各种困难与挑战,这正是撰写本书的意义所在。

以史为鉴，本书正是基于近代武术这段波澜壮阔的变革的史实，总结近代武术发展中的得与失，探讨武术发展的规律，以期为武术的复兴提供依据和动力。

第一章

清末的社会变革对民国时期武术的影响

从鸦片战争开始，中华民族沦为了西方列强盘剥和凌辱的对象。伴随着半殖民地半封建化进程的加剧，民族矛盾也日益突出。社会动荡和民族矛盾的激化推动了以防身自保为目的的民间武术的发展。

第一节　清末民间习武群体生态概览

清代是民间武术拳种蓬勃发展并走向成熟的一个时期。在清代武坛上“源流有序、拳理明晰、风格独特、自成体系”的拳种逾百个。拳种的繁荣是以习武社团及其组织保障为基础的。拳会是以传习武术为基本活动方式而组织起来的松散团体。武术本身并没有阶级性，学习武术的人大多是为强身自卫。各种拳会的主要目的大多是自卫身家，守望相助，防止土匪骚扰。[1]其组织上没有会党那种“歃血结盟”的兄弟关系，也不像教门那样有明

〔1〕王永昌：《义和拳性质辩析》，载杨文平、李德征主编《义和团平原起义100周年学术讨论会论文集：平原文史资料特辑》，齐鲁书社，2000，第46页。

显的宗教信仰、收徒传教。[1]民间习武组织的形成有其深厚的社会背景。“习武以自保”是普通民众参与拳会的直接动因。清代的中国社会是典型的以农耕文明为主导的传统乡土社会。“日出而作，日落而息”是农耕生活的真实写照，村民的生活极度单调匮乏。“忙时种田，闲时练拳”，每日跟着师傅练拳是村民们聚会、闲聊同时又能健身防卫的生活方式。武术素有“拳打卧牛之地”的说法，田间地头、谷场草坪、果园枣林，平整几分地便是很好的练功场地。有时为了躲避官府查禁和乡邻偷学，村民便把院门关紧，在四面高墙内怎样练功都无人干涉。有时，禁武风声较紧，便“白昼不敢明习，竟于夜间潜练”[2]。有时，为了躲避查禁习武，则在结伙之后，再择长林深谷、人迹不到之处操习拳、棒、刀、铳各艺。清代，山东、河北、河南等地习武之风极为盛行。例如，沧州的北陈屯村清代就有“把式场”，至今村民仍然习武不辍。可见民间习武自古至今都对村民有很强的吸引力。

武术教头（教师）的角色在民间习武组织中至关重要。武艺高强往往是作为武术教头的先决条件之一。“论武艺，不论年纪”[3]成为不少组织推选头领的原则之一。民间习武组织的规模大小不一，小规模的有十数人，而大规模的能达到上千人。如嘉庆十九年（1814）十月左都御史庆溥奏称，山东临清有梅花拳教、义和拳教、大红拳教、二狼拳教、五祖拳教等，各派聚集于

〔1〕周伟良：《中国武术史》，高等教育出版社，2003，第80页。
〔2〕中国社会科学院近代史研究所《近代史资料》编译室主编《山东义和团案卷：近代史资料专刊》（上），知识产权出版社，2013，第72页。
〔3〕周伟良：《清代秘密结社武术活动试析》，《成都体育学院学报》1991年第4期。

不同村落，习拳练武。仅梅花拳刘四就有徒弟3,000余人。[1]在冷兵器时代，这样规模的习武组织无疑对当时社会的政治、经济等以及武术本身都产生了深远的影响。

纵观中国2,000多年的封建统治，社会权力运作方式基本未发生变化（自秦到清末），其封建治理的基层都维持在“县”一级，对乡土社会的治理方式为“无治而治”，即“礼治秩序”。乡村自治核心即乡约。乡约是出于乡人自愿，自发合作，在道德、教育、社会关系和经济互助四个方面共同努力的成果。这种乡约不是由政府主导的。礼和法不相同的地方是维持规范的力量。法律是靠国家的权力来推行的。而礼却不需要这有形的权力机构来维持。维持礼这种规范的是传统。[2]

乡村自治决定了传统乡村生活的全部样式。在乡村自治中，宗族无疑是乡村自治中的“轴心”，而宗族在乡土社会的实际单位是家族。同时，在乡村，当群体或个人间发生利益冲突时，代表朝廷的县衙不可能也没有能力为辖区的每一个乡民提供及时保护，寻求自卫则成为乡民的共识。因此，在中国古代社会，民间武术社团散布于广袤的城镇与乡村。乡绅富豪广结武林豪杰，组织团练并传授武艺以自保；普通百姓在恶劣环境中为生存而投奔民间大小拳会以寻求依靠和援助，习武得以安身立命。习练武术往往具有反抗压迫和诉诸暴力的色彩，因而不被统治阶级所允许，所以，民间习武通常秘密进行。越是省际临界和交通枢纽等利益关系错综复杂的地界，习武风气越是盛行，民间拳会也相对密集。

---

〔1〕《录付档》卷2555第5号，转引自林伯原《清代民间宗教秘密结社与武术的传播》，《体育文化导刊》1992年第3期。

〔2〕费孝通：《乡土中国·生育制度·乡土重建》，商务印书馆，2017，第53页。

宗族是以家长制为核心、以血缘关系为纽带的特殊社会治理体系。梁启超曾谓："中国古代的政治是家族本位的政治。"[1]武术的传承也严格遵照这一体系进行，传统武术门派的确立和维系实际上依靠的是血缘关系（直系亲属）和模拟血缘关系（师徒），这一群体一旦建立就具有共同的价值观和信仰。外人要想加入这一群体就要通过仪式建立模拟血缘关系，这在传统武术的传承中就是拜师仪式。[2]

以模拟宗族体系建立起来的民间拳社内，德高望重的师傅就相当于家长。"师徒如父子"。徒弟之间按照入门的先后以及年龄的长幼论资排辈，相互之间以师兄、师姐、师弟、师妹相称。当某一拳种、拳社发展壮大，有三代、四代，则完全按照大家族谱系续为徒子、徒孙。拳种创始人或主要传承人往往被确立为"掌门人"，在门内拥有至高无上的地位。同时，拳派完全依照拳谱传承人区分嫡庶亲疏，确定主从依附。嫡系传承人的确立，根据入拳社时间的早晚和为本门派武术所做的贡献，由上代"掌门人"指定。因此，拳种的传承与发展自然形成层次分明、自上而下的宝塔形网络结构。当然，维系拳社内部行为的门规戒律和对违反纪律学员的惩处也不可少。作为"轴心"的师傅已经代表了拳种、拳社的整体利益。

作为武术流派"掌门人"的师傅往往武艺高强，在"名师出高徒"的激励下，来拜师的络绎不绝；同时，作为"掌门人"的师傅品行端庄、德艺双馨，深受弟子的崇拜和爱戴。"一日为师

---

〔1〕梁启超：《先秦政治思想史》，东方出版社，2012，第 4 页。
〔2〕王智慧：《传统惯性与时代整合：武术传承人的生存态势与文化传承》，《上海体育学院学报》2015 年第 5 期。

终身为父”。弟子们对师傅心悦诚服，而当弟子遇到了困难，师傅也会倾力相助。因此，民间习武组织看似十分松散，实则极具凝聚力。

民间习武组织往往极易与其他社会组织发生联系。清末的各类民间教门和秘密会党与民间习武组织之间就存在着极为复杂的关系，这三种组织总体虽也存在矛盾，但大多呈现纷繁复杂的交织状态。往往彼此之间“你中有我、我中有你”，相互借鉴，互助共生。各色秘密组织均能在异姓结盟、聚众传教和结社习武三个维度中找到自己的定位。由于武术是源于人类生存与安全的需求，因而武术社团无疑是其中最受下层民众喜爱的民间组织。

清末，民间拳社几乎渗透了整个下层社会，这种星罗棋布的由不同拳种构成的武术社团又织成了错综复杂的网络。通常，武术拳社只是一个以习武自卫、强身健体为目的的相对松散的组织，并不具有某种政治目的。然而，一旦社会矛盾尖锐或被某种信息所激化，就会迅速集结并形成一股强大势力。尤其是在禁教不禁拳的环境下，民间教门和秘密结社大多借传习武术掩蔽其宣传教义、教旨的目的，并借此发展组织和蓄养武装力量。〔1〕

因此，清代的各种农民起义和各类具有影响力的事件背后都能看到武术组织的身影。

---

〔1〕国家体委武术研究院编纂《中国武术史》，人民体育出版社，1997，第301页。

第二节　民间习武与义和团运动

武术传习的便捷性和实用性使武术成为民间结社最常见的传播内容。尽管统治者严禁民间习武，但仍屡禁不止。清代，山东、河北、河南等地习武之风极为盛行，有些地方几乎村村习武，男女老幼皆有练习[1]。义和团运动的爆发与这样一个习武生态不无关系。

一、义和团运动的起源及发展

义和团是晚清时期的民间团体组织，由山东、河北一带的义和拳、民间秘密结社和练拳习武的组织发展而来。义和团运动，从某种意义上是自 19 世纪 40 年代以来中国社会出现的各种矛盾的一次总爆发。

（一）赵三多率领的蒋家庄起义

义和团运动的导火索就是持续 20 年之久的梨园屯教案[2]，即洋教会及教民与乡绅及村民对“拆庙建堂”和“扒堂复庙”的宅基地归属权的反复争夺。但由于官府惧怕教会教民，乡绅和村民占据下风。以阎书勤、高元祥为首的以武力保护玉皇庙的十八个村民，被称为“十八魁”，他们到河北威县沙柳寨拜梅花拳第十四代传人、武功高强、深孚众望的赵三多为师。赵三多趁梨园

---

〔1〕张培生主编，静海县志编修委员会编著《静海县志》，天津社会科学院出版社，1995，第 692 页。

〔2〕王振华、李金鹏：《从庙堂之争到义和拳（团）运动——梨园屯教案管窥》，《文物春秋》1991 年第 2 期。

屯逢集之机传帖聚众，摆会“亮拳”[1]，向当地教会和官府示威。

光绪二十三年二月二十二日（1897 年 3 月 24 日）始，赵三多及其弟子在梨园屯亮拳三天，四乡到会者三千多人。[2]继亮拳之后，三月二十六日，赵三多及其弟子率梅花拳众再次行动。这是梅花拳开展的一次正式武装斗争。

随后不久发生的“巨野教案”使中国普通民众与教会的矛盾进一步升级。随着矛盾激化，梅花拳众于光绪二十四年（1898）进行了一次大规模集结。山东巡抚张汝梅给总署的咨文中说：“本年正二月间，谣言来有洋兵，梅拳遂又麇聚”[3]，而且“一夜即呼聚万人，蜂拥而来，顷刻可至”[4]。梅花拳力量的迅速壮大震惊了中外势力。法使惊恐，并急向总署提出，议结梨园屯教案必须以逮捕“十八魁”为重要条件。这时梅花拳抗洋教斗争已经失控并扩及与河北、山东、河南相毗连的大片地区。

随着斗争的激化，梅花拳内部亦出现分化。梅花拳其他领袖因为不赞同赵三多的仇教活动，所以要他不再用梅花拳的名号。赵三多为对付官府禁止梅花拳的谕令和便于今后组织斗争，“遂讳言梅拳，仍旧立义和名目”。其后，1898 年参加起事的遂称义和拳，而不曾参加的叫梅花拳。光绪二十四年九月十二日（1898

---

〔1〕亮拳又称亮拳献艺，是指散布于广大民间的习武群体借助逢集、庙会、民俗节庆等集市会聚，辟出专门场地进行各种武术表演的活动。亮拳活动时观看的往往人山人海。为了吸引观众，当时亮拳中间还掺杂着曲艺和杂耍等表演。

〔2〕山东大学历史系中国近代史教研室编《山东义和团调查资料选编》，齐鲁书社，1980，第 328 页。转引自路遥《冠县梨园屯教案与义和拳运动》，《历史研究》1986 年第 5 期。

〔3〕林华国：《历史的真相——义和团运动的史实及其再认识》，天津古籍出版社，2002，第 31 页。

〔4〕中国社会科学院近代史研究所《近代史资料》编译室主编《山东义和团案卷：近代史资料专刊》（上），知识产权出版社，2013，第 114 页。

年10月26日），赵三多被拥持到直鲁交界的蒋家庄马场，以义和拳为名武装起事，并打出“兴清灭洋”的方形大旗。《威县志》载：“（光绪）廿四年秋，沙柳寨义和拳民赵三多率拳民……与天主教因争庙地起争端，激成事变。”〔1〕

清政府对义和拳起事感到震惊，一方面令直隶总督饬大名道咨请大名镇率马队前往弹压，另一方面劝谕赵三多解散队伍。赵三多率众转移到西留善固村时解散了队伍，自己往滹沱河以北、运粮河两岸重新集聚拳民斗争。至此，早期的义和拳运动告一段落。然而，赵三多打出的“义和拳”的名头和“兴清灭洋”口号极具感召力，后来者纷纷效仿。

不似其他拳种，义和拳并不具备基本功法、拳架套路和器械等作为拳种的最基本特征。多位学者从多种角度对义和拳的起源进行了有益的探索，对其出现的时间基本推定为乾隆初年〔2〕。然而，其究竟出自哪个拳种或秘密教门却越发扑朔迷离。有一个事实毋庸置疑，史料中所有涉及义和拳的记载均与武术有关。这个帮会并非只习练一种拳，其所习拳种囊括流行于河北、山东、河南等地的多个种类。义和拳极其松散，甚至从严格意义上来说称不上是一个组织，更像一个虚拟社团，既无明确发起人，也无一般组织必备的行动目标与章程。义和拳似谜一般地存在，但它又具备组织的一些功能。例如，它能起到凝聚和调节拳派的作用，只要称义和拳，大家就是朋友而非仇人。而且一旦拳会遇到某种特殊的情况举事时，可以打出义和拳的大旗，规避统治者对于拳

---

〔1〕崔正春修，尚希贤纂《威县志》卷二十，1929年铅印本，第8页。

〔2〕陈湛若：《义和团的前史》，《文史哲》1954年第3期。

会的清洗。因此，义和拳是反抗统治阶级镇压拳会的产物。

（二）朱红灯率领的平原起义

与赵三多、阎书勤专练武术的义和拳不同，朱红灯等人领导的义和拳（初为神拳，后改称义和拳），除了习练拳法，还继承了神拳传统，杂糅了许多宗教信仰和迷信的仪式，如画符念咒、降神附体、表演金钟罩（铁布衫）等刀枪不入的把戏。朱红灯的神拳组织迅速扩展到高唐县、恩县、平原县一带。

1899 年，整个山东境内的乡村可以概括为贫民无所得食，而教民恃教士之势，借教士之财，高抬粮价，囤积居奇〔1〕，杠子李庄也不例外。同年 9 月，李长水、杨传文等与恶霸“教民”李金榜等发生冲突。9 月 21 日，以李金榜为首的教民到平原县衙门诬告拳民“闹教”。署理知县蒋楷抓走拳民六人，李长水脱逃。为搭救被捕拳民，李长水亲往茌平（一说高唐）邀请著名神拳首领朱红灯相助。这场民教冲突，即是义和团平原起义的导火索。

10 月 11 日，朱红灯指挥拳众在杠子李庄列队抗拒蒋楷所率捕役和亲兵马队的搜捕，将蒋楷打得落荒而逃。受到赵三多领导的冠县蒋家庄起义的影响，战斗中朱红灯领导的神拳组织也改称义和拳。朱红灯竖起“天下义和拳兴清灭洋”的旗帜。杠子李庄之战，标志着平原起义正式爆发，义和拳之名开始显扬。

平原起义的发生，引起统治者的震惊和不安，蒋楷急忙向山东巡抚毓贤求援。10 月 17 日晚，朱红灯率攻打恩县教堂的义和

〔1〕《光绪二十五年十二月初五日御史高熙喆折》，载国家档案局明清档案馆《义和团档案史料》（上），中华书局，1959 年，第 49 页。

拳众驻宿在大芝坊村森罗殿。10月18日清晨，袁世敦率清军分三路包围森罗殿并开枪击杀义和拳众。双方激战数小时，互有伤亡。朱红灯率拳众冲出包围，转回茌平坚持战斗。森罗殿战斗，把平原起义推向高潮。这是山东义和拳首次与官军开战，是义和团运动史上一个重大转折，这场斗争不仅突破了只反洋教的，既反帝也反封建，而且突破了山东一省的地域，很快遍及华北。平原起义大大鼓舞了山东各地义和拳众的斗志和信心。

其后，其他很多地方的梅花拳、大刀会等加入起义的拳会团体也纷纷改名为义和拳。值得注意的是，少数乡团也卷入了反侵略斗争，并打起义和拳的旗号。作为民间社团，乡团和拳会有着本质的区别。乡团是一种由地主士绅组织的、以维持本地治安为宗旨的小规模地方武装，是得到统治阶级认可的、具有合法性的组织。而拳会是由下层民众自发组织的以求自卫和互助的习武团体，它往往不被统治阶层所认可，有时在被禁之列。当共同面对教会的压迫时，参与义和拳运动的民众既有团民又有拳民，许多人两种身份兼而有之。这些不愿受洋教会欺辱的民众纷纷加入义和拳，各地义和拳运动风起云涌、此起彼伏。

山东巡抚毓贤命令地方官“会营弹压保护”，并派马队前往保护教会、解散拳会。但他又认为义和拳力量强大，靠武力镇压不仅难以奏效，而且还可能进一步激化官民、民教矛盾，建议清政府将处置失当、镇压拳民的蒋楷和袁世敦撤职，化私会为公举，改拳勇为民团[1]，开始对义和拳实行抚绥政策。正是在这一背景下，平原县乃至其他各地义和拳一律改称为“民团”。“义和

〔1〕路遥：《义和团运动起源研究》，山东大学出版社，2018，第323页。

拳”改名“义和团”具有里程碑的意义，义和团在山东获得了至少半合法的地位。从张汝梅到毓贤，他们在任山东巡抚期间，并未支持过反教会斗争，更没有采取过什么“排外”行动，只是在禁止拳会方面不很严厉，对外国的无理要求不完全顺从而已。[1]朱红灯起义后，毓贤对起义军首领进行了捕杀，处死朱红灯，外国侵略者仍对其镇压不力予以指责，慈禧在列强的压力下，将毓贤调离山东。

继任者袁世凯采取一系列措施缉拿义和团的首领，查禁拳会，解散所有义和团组织，从多方面形成对义和团的遏制，使义和团难以发动新的较大规模的斗争。经过两个月左右，山东义和团的活动渐趋沉寂。

（三）义和团进京

同时期，河北的义和团运动却在迅猛发展。与袁世凯完全不同，直隶总督裕禄在处理义和团运动时一味滥用武力，在处理被捕人员时也是一律严惩，结果却激起民众更大的反抗。河北的义和团聚众斗争情况越来越多见，聚众的规模也越来越大。1900年初，河北的义和团活动区域逐渐由东南向北扩展。从四五月起，北京城内开始出现义和团的零星活动。到5月底6月初，北京城外的义和团已经开始进入城内公开活动。

6月中旬后十几天内，义和团众每日成群结队涌入北京城，城内义和团人数迅速增加到数万人。义和团进入京城后，开始在城内进行焚烧教堂等反洋活动。清政府内部保守派和激进派对义

〔1〕林华国：《历史的真相——义和团运动的史实及其再认识》，天津古籍出版社，2002，第78页。

和团的态度与外国列强有严重分歧，而清政府真正掌权者慈禧也举棋不定。列强以保护使馆为名，宣布要派遣“卫队”进驻北京使馆。清政府劝阻无效。5月31日至6月初，外国官兵400余人携带机关炮等新式武器强行进入北京，进驻外国使馆。而且，外国军舰还继续在天津港集结，随时准备自大沽口登陆进驻北京。

既无力迅速镇压义和团，又无法阻挡列强向北京进发的脚步，清政府首鼠两端，不知所措。6月10日，西摩尔率洋兵约2,000人携带大量枪炮乘火车从天津出发，强行开往北京。义和团沿途破坏铁路、电线杆，在廊坊段更是捣毁路基。八国联军不但不能快速修复被破坏的铁路而且还不断受到义和团的袭击，行进被迫中断。6月12日，俄军1,700人携20门大炮从大沽口登陆。6月15日，列强海军军官面见驻守大沽口炮台的天津镇总兵罗荣光，限17日凌晨两点前交出大沽口炮台，否则将以武力占据，遭到罗荣光严正拒绝。情急之下，清政府不得不考虑借助义和团的力量抵抗外国侵略。6月17日凌晨两点，侵略者向大沽口炮台进攻，八国联军侵华战争开始。

二、义和团运动的结局

在八国联军进犯北京的过程中，原天津驻军余部和后来赶到北京附近的部分勤王兵沿途阻截，均被击溃。而义和团组织松散，武器也十分落后，尽管人数占优势，但作战能力十分有限，仅局部攻打教堂和缴获少量武器，根本无法阻挡八国联军的进攻。8月14日，北京城被攻破。15日，慈禧率清政府部分人员西逃，先赴太原，后转赴西安。除派兵扼守通往山西、陕西的要隘外，其他地方基本上放弃抵抗，任洋兵横行。9月7日，慈禧听取李鸿章等的建议，发布了“剿团”谕旨，宣称：“此案初起，义和团实为肇祸之由。今欲拔本塞源，非痛加铲除不可。”[1]清政府与义和团的关系正式破裂。不久后，义和团打起“扫清灭洋”的大旗，但在清政府与联军的联合绞杀下，义和团运动以失败告终。

义和团运动所表现出的反抗精神震撼了列强，使侵略者感到瓜分中国是很危险的事。连侵略者也不得不承认，义和团面对着来复枪和机关枪秋风扫落叶似的射击，还是勇猛冲锋，真是不能想象世界上还有比他们更勇敢的人了。[2]担任八国联军统帅的瓦德西在给德国皇帝上奏时说，中国所有好战精神，尚未完全丧失，可于此次拳民运动中见之，“世人动辄相语，谓取此州略彼地，视外人统治其亿万众庶之事，若咄嗟可立办者，然实则无论欧美日本各国，皆无此脑力与兵力，可以统治此天下生灵四分之一也……故瓜分一事，实为下策”[3]。英国人赫德则写道，中国如被瓜分，全国就将协同一致来反对参与瓜分的那几个外国统治者。从利害得失的简单道理来考虑，这样一种解决办法应予以谴责。[4]瓦德西、赫德等正是从与义和团的斗争中得出不可瓜分中国的结论，并对瓜分论者提出警告。可以说，义和团运动遏制了帝国主义企图瓜分中国的野心。同时，义和团运动极大地削

---

〔1〕林华国：《历史的真相——义和团运动的史实及其再认识》，天津古籍出版社，2002，第150页。

〔2〕《惠泰尔日记》，转引自天津历史研究所、天津史话编写组编《义和团在天津的反帝斗争》，天津人民出版社，1973，第60页。

〔3〕日本神户记者海辣特在天津采访瓦德西的通讯报道，转引自戴学稷、董剑平《论义和团运动的历史地位与作用——纪念义和团反帝斗争八十周年》，《内蒙古大学学报（历史学专集）》1981年第S1期。

〔4〕戴学稷、董剑平：《论义和团运动的历史地位与作用——纪念义和团反帝斗争八十周年》，《内蒙古大学学报》（哲学社会科学版）1981年第S1期。

弱了清王朝的统治地位，加速了清王朝的灭亡。

义和团运动失败后，除了极少数义和团成员转入地下继续打着“扫清灭洋”的旗号进行斗争外，大部分则自散而去。在京的义和团“改装易服”，“一日一夜之间，数十万团民踪迹全无，比来时犹觉迅速也”[1]，外乡义和团从京津撤回到乡村。各地的义和团也迫于形势，有的自动解散，有的被政府遣散，重新回归田土。他们不再天天排刀比武，都变成庄稼人了[2]。而一些义和团首领和团民，有的解散回家，房屋田产俱已被教会势力霸占或被官府抵作赔款，无以谋生，也有的惧怕教民的报复、恐吓和勒索，便被迫逃亡他乡或沦为流民。其中，也有真正具有功夫的拳师，他们流落他乡，隐姓埋名，以教拳为生。

三、义和团运动对武术的影响

义和团运动以民间武术结社为社会基础，从最初的“兴清灭洋”继而走上“扫清灭洋”的道路，在中外势力的联合绞杀下最后以失败告终。义和团运动对武术的影响是极为深远的。

（一）义和团运动对武术起到了普及推广的作用

义和团从山东、直隶爆发后迅速波及京津地区而后遍及全国。义和团所到之处设坛授拳，这些组织聚徒传教演习枪刀，不分男女[3]，当时各派各门武士聚集京师（北京）者，皆多名手。有

〔1〕中国社会科学院近代史研究所近代史资料编辑室编《庚子记事》，中华书局，1978，第31页。
〔2〕段金虎：《义和团运动失败后直隶团民的归宿》，《河北学刊》2000年第4期。
〔3〕《录付档》卷2930第1号，转引自林伯原《清代民间宗教秘密结社与武术的传播》，《体育文化导刊》1992年第3期。

在各军营教练外营兵士者（新兵）；有立武场教授普通人民者；有在私宅传三五人者，比比皆是[1]。

“拳场林立，指不胜屈”[2]，“业冶铁者，家家铸刀，丁丁之声，日夜相续”。[3]受直隶义和团的影响，京城较早就出现以青少年为主的习拳群体。《拳事杂记》说：“京城演习义和拳者，童子居多，无论士农工商，以至各行贸易之人，无不愿学。”京津城内群众性练拳棒更为普及。“义和团之多，几至遍地皆是。每当夕阳既西，肩挑负贩者流，人人相引习拳，甚至有大家亦为之者”，“早晚在城内外僻静处衢练之，动辄数十人”。天津县城内，也“渐有立坛者，河北、河东城内外，皆先后踵起”。“无不奉之为神，官府亦不敢过问”。就连皇宫内禁也是习武之风日盛，“虽宫中内侍，暨年老宫女等，亦习学其术，不时操练拳棒”，“甚至连慈禧的建储嗣君大阿哥傅隽[4]，也请了二名义和拳教师习练各种拳棒武技，并复有少年亲王四人，为大阿哥之伴，一体学习拳棒”。[5]

地方民俗节庆、乡村集市与传统社戏庙会等活动专门设有武术表演场所，为武术的交流与传播搭建平台。农耕文明时期，乡村生活的特征可以概括为“日出而作，日落而息”。传统社会中人们的生活单调而枯燥，各种庙会活动给他们创造了集中放松、

〔1〕麦克乐：《五十年来中国之体育及武术》，载国家体委体育文史工作委员会、全国体总文史资料编审委员会编《中国近代体育文选 体育史料 第17辑》，人民体育出版社，1992，第109页。
〔2〕李林：《拳祸记》下卷，上海土山湾印书馆，1905，第220～221页。
〔3〕翦伯赞、荣孟源、杨济安等编《中国近代史资料丛刊义和团 第3册》，神州国光社，1951，第109页。
〔4〕傅隽应为溥儁。
〔5〕周伟良：《义和团武术活动简探》，《北京体育学院学报》1988年第2期。

尽情欢娱的机会，“民俗终岁勤苦，间以庙会为乐”[1]。在广大乡村，最热闹和最具影响力的文化活动非节庆期间的庙会社戏和赶大集莫属。清末，受近代资本主义商品经济的影响，集市庙会日趋频繁。据地方志的粗略统计，举行庙会较多的地方有：武安县约 102 处，分散于各城乡；吴桥县每年约 17 次，历时总计 130 天；张北县有 46 个地点有庙会，集中在每年四至七月；通州每年约 20 次，历时总计 80 天以上。[2]武术表演往往与社戏、舞龙狮及杂技等演艺活动杂糅在一起。曹、单大刀会在单县火神庙唱武戏，这个事件影响很大，光绪二十二年（1896）《山东时报》载文报道：“近在山东曹县、河南东部诸县、江苏徐州诸县有大刀会。去年春始闻，予犹不信。去年秋，言之者谆谆，予不敢以为无。及至今年春，予传道至其地，见有来往行人多持红缨枪者，群目为大刀会，而且公然在单县唱戏四天以聚会友，大约有十万不止。”“平居多习为拳技，各保身家，守望相助。传习既众，流播遂远，豫皆江苏等省亦即转相传授，声气广通。历年春二三月，民间立有买卖会场。习拳之辈，亦每趁会期传单聚会，比较技勇，名曰亮拳，乡间遂目为梅花拳会。”[3] 1898 年，山东巡抚张汝梅在给清廷的奏折中称：“直隶、山东交界之区，拳民一年多一年，往往趁商贾墟市之场，约期聚会，比较拳勇，名曰亮拳。”[4]又比如禹城的义和团重要首领心诚和尚“幼习少林拳技，刀法花枪，

---

〔1〕赵世瑜：《明清时期华北庙会研究》，《历史研究》1992 年第 5 期。
〔2〕赵世瑜：《明清时期华北庙会研究》，《历史研究》1992 年第 5 期。
〔3〕李宏生：《毓贤与山东义和团》，《山东师范大学学报》（人文社会科学版）1980 年第 5 期。
〔4〕国家档案局明清档案馆：《义和团档案史料》（上），中华书局，1959，第 15 页。

无不精熟，每与拳民赛武，十数人不能近之。”[1]“……踵门拜师，趋之若鹜。他们互为声援，号召人民学拳设场打洋人，并先后在张官屯、华岩寺亮拳庆功，连日比武，大造声势。”[2]

义和团运动促进武术人跨区域流动和拳派的交流与融合。梨园屯反教会案“十八魁”之一的阎书勤练的是红拳，而他拜河北威县沙柳寨赵三多学习的是梅花拳。山东义和团的朱红灯的拳派应为离卦教武场，即以六趟拳为代表的六合拳。拳民首领心诚和尚，原名周震甲，西寺僧人，他原来练习的是少林外家拳并兼善少林硬气功。河南滑县和浚县等地义和团活动十分活跃。这里分布的武术社团很多，“有虎尾鞭、义和拳、红砖社、瓦刀社等”[3]。而且有名可查的最早的梅花拳习练者康熙年间的杨丙就是滑县人。后来，在山东传播义和拳的冯克善、霍云方等也是滑县人。义和团兴起后，河北一些州县的群众出于斗争的需要，纷纷前往山东学拳，有的则从山东请来师傅在本地授拳。如景州李辛店、七里铭等地群众，于1899年从山东请来义和团许大刀等在村里“铺场，授拳”。在献县，有山东义和团崔大及其弟崔二前来“铺场”。[4]王如绘曾说：“这是一场规模很大的斗争旋风，也是刀、拳各会的一次大发展、大交融、大汇聚。”[5]山东、河北地域

---

〔1〕季桂芳：《致泰安知府姚松云函》，载中国史学会济南分会编《山东近代史资料 第3册》，山东人民出版社，1961，第191～192页。

〔2〕林伯原：《论鸦片战争至辛亥革命前中国传统体育的发展变化》，《体育科学》1992年第4期。

〔3〕（清）兰簃外史纂《靖逆记》，上海书店，1987。转引自张胜利《义和拳源流考辨》，《成都体育学院学报》1990年第4期。

〔4〕山东大学历史系中国近代史教研室编《山东义和团调查资料选编》，齐鲁书社，1980。转引自张胜利《义和拳源流考辨》，《成都体育学院学报》1990年第4期。

〔5〕王如绘：《大刀会与义和团运动》，载中国义和团研究会编《义和团运动与近代中国社会国际学术讨论会论文集》，齐鲁书社，1992，第173、175页。

拳种流传到全国，客观上促进了武术的交流与融合。

义和团运动失败后，武术拳社的活动被迫转入地下。清政府绞杀义和团，严禁民间习练武艺，大多数拳社被迫解散，但仍有个别地方夜间偷练，秘密进行习武活动。“北京一隅，仍多各派、各门武术专家，但传授生徒不能如前之自由，须经绅商担保，方准成立。武术场教授普通人民，而在某巨宅秘传三五者，仍复不少，但较前之盛况相去远矣。”〔1〕以致统治者惊呼：“白昼不敢明习，竟于夜间潜习，此风尤不可长……有各村庄乡，经此巨变，借武术之力得保平安者，亦复不少，此等庄乡对于武术教育，不惟不见退化，反从此愈加进步。”〔2〕

许多参加义和团的拳师流落他乡，也在客观上传播了武术。比如，大刀王五王正谊、八卦掌名师程廷华、单刀李存义等。以参加过抗击八国联军战争的李存义为例，义和团事败后他逃到山西太谷避难，形意拳名家车毅斋命弟子李复祯等保护其安全，并推荐其为当地富户孟氏护庄。李存义在太谷期间，车毅斋传授其十二形拳、安身炮等形意拳套路。

（二）义和团运动推动了武术与气功的结合

这一时期，武术与气功的融合分为三个层面：

第一，“外练筋骨皮”，即通过练气强化抗击打能力。这一类就是俗称的硬气功，在义和团运动中“金钟罩”“铁布衫”最

〔1〕成都体育学院体育史研究所：《中国近代体育史资料》，四川教育出版社，1988，第11页。

〔2〕谭华：《近代中国社会的变革与武术的进步》，《华南师范大学学报》（社会科学版）2003年第1期。

具代表性。首先，这类硬气功在格斗实战中具有实用性。其次，这类功法非常适合表演，颇具有吸引力，许多义和团的成员就是被这种刀枪不入的表演吸引来的。义和拳与“金钟罩”“铁布衫”的结合，加速了义和团运动“神化”的过程。这类硬气功追根溯源可以归于少林功法。清人徐珂所著《清稗类钞·技勇类》述：“少林拳法有练工术，运气于筋肉，则脉络突起，筋如坚索，肉如韧革，刀击之不能伤也”〔1〕。《郑板桥笔记》中有魏子兆“遇少林寺僧，授以练气运神之诀，魏习之数年，周身坚硬如铁”〔2〕的记载。千百年来，少林武术习武者将武术与导引相融合，凝练出《易筋经》《洗髓经》等经典功法，提炼出“练气”“行气”“用气”和“贯气”等一整套增加打击力和抗击力的方法。《少林宗法》指出：“肺为气之府，气乃力之君。故言力者不能离气，此古今一定之理。”〔3〕这些方法在义和团中被广泛传播。

第二，内外兼修，即习武之人既练武功又练气功。梅花拳、八卦教的文练武练和少林武当的“外习武功，内修禅道”都属于这一层面。梅花拳文练武练不能分离，文练是武练的高级阶段。文练主要是练文功，也就是修身养性、炼神炼气。练文功必须要心静，摒除一切杂念，清净无为，文练中就吸收了很多佛、道两家修行时的理论和方法。〔4〕被认可的梅花拳师通晓文理，在武功上能由“形气合一”“神气合一”而至“浑元一气”“精气神一体”的境界。〔5〕

---

〔1〕（清）徐珂：《清稗类钞》，中华书局，1984，第 2983 页。
〔2〕李金龙：《试析整体思维方式对中国传统体育的影响》，《体育科学》2002 年第 1 期。
〔3〕卓大宏：《〈少林拳术秘诀〉中的气功》，《按摩与导引》1985 年第 2 期。
〔4〕燕子杰：《论梅花拳的文场与武场》，《社会科学研究》1991 年第 3 期。
〔5〕陈恳：《梅花拳“文场与武场”考辨》，《体育文化导刊》2005 年第 8 期。

第三，道功合一，即武术与气功深度融合。形意拳将道教气功理论与武功进行融合，“炼精化气、炼气化神、炼神还虚”[1]。这一层面在少林武术中表现为“禅拳合一”。“欲学技击先学数息。此本道家休养之术，而佛门初步时，亦呼吸如抽，如是则其头脑昏聩，不惟耳目失观听之能，而手足亦必无措”，“数息之功，即不动心之道。盖心与气本属一体，古语所谓气静则神恬，神恬则气足。技击臻此境界，而后可称上乘，可称绝技”[2]。

义和团运动之前，掌握武术与气功融合者相对集中于专业人士。这些人要么是习武的僧人和道士，要么是某些知名拳派的传承人，许多功法秘而不传。而义和团运动则彻底打破了这一界限，大多参与者都将习武与练气融合在一起，客观上推动了武术与气功的融合。

（三）义和团运动加速了武术的转型

冷兵器时代，武术与军事武艺高度融合。原始社会时期，人类为了获取猎物和躲避猛兽的侵袭，拿起棍棒、石器等原始武器，相互协作来维持生存。随着生产力的发展，私有品的存在导致阶级社会萌芽，出现了家族、氏族间为争夺生产资料的战争，而战争最初的形态就是人与人之间的个体争斗。[3]生产力发展，私有制出现，社会分工加剧。利益集团化斗争取代个人之间的利益争夺。但无论是大规模的集团作战，还是小规模的武装冲突，最

---

〔1〕马宗军：《〈周易参同契〉思想研究》，博士学位论文，山东大学哲学系，2006，第106页。

〔2〕尊我斋主人：《少林拳术秘诀》，转引自乔凤杰《佛教禅修与武术训练》，《西安体育学院学报》2006年第3期。

〔3〕李印东：《论武术与军事的历史渊源》，《北京体育大学学报》2009年第12期。

终决胜还要依赖个人的作战能力，一对多或一对一近身肉搏是战争胜利的要素。因此，军队中十分重视士兵个人格斗能力的培养。

随着集团作战的形式日益丰富，军事武艺与民间武术的分界愈加明显。冷兵器时代结束后，集团军事武艺的军事功能被大大地弱化了。当工业革命的浪潮席卷欧美各国并达到高潮时，中国仍然是一个落后的封建国家。表现在军事领域，中国军队的武器装备依然是弓、矢、刀、矛等冷兵器。当西方列强凭借其坚船利炮打开中国封闭的国门时，中国军队组织的抵抗往往是一触即溃。鸦片战争后，人们虽然认识到西方军事的优越性，但由于军事制度的落后，清政府在军队训练、武科招考、学校军事教育中仍然十分重视武术，认为拳法练习是武技之源。曾国藩力主在军队中习武，他认为，练技艺者，刀矛能保身，能刺人，技艺极熟，则一人可敌数十人。〔1〕民间人士也深知武术为自卫利器，非尚武无以自立。而武术既能强健身体，又可震慑地方社会。〔2〕然而，作为冷兵器时代的产物，这种民间武术对付弱小的敌人或许勉强可行，对付强大的敌军，就会如鸟兽散，溃不成军。这也加速了武术由传统防身自卫术向近代体育的转化。

义和团运动失败后，清朝各级政府严禁“设坛”“焚香”等迷信行为，对设立仙坛者“严惩而禁绝之”。民间习武被严禁，许多拳师隐姓埋名流落他乡，传统武术的发展进入低潮。

---

〔1〕（清）曾国藩：《劝诫浅语十六条》，转引自谷也权编著《中国体育史》（下 近代部分），北京体育学院出版社，1989，第 15 页。

〔2〕李印东：《论武术与军事的历史渊源》，《北京体育大学学报》2009 年第 12 期。

第三节 武举制的终结和新式武术的萌芽

历代统治阶级为了维护其统治，文治武功不可偏废。“以文教佐天下”与“以武功戡祸乱”，一文一武相得益彰，才能国泰民安。作为古代中国“开科取士”选拔武将人才的一项制度，武举制从唐武则天长安二年（702）始创，到清光绪二十七年（1901）皇帝颁布谕旨正式废止，共实行了约 1,200 年。在长达千年的变迁中，武举由盛及衰，其发展脉络与冷兵器时代战争形式的发展相互呼应，同时也与民间武艺的发展遥相呼应。武举制的废止是冷兵器时代终结的历史必然，其从制度上对民间武术的转型起到了推动作用。

一、清末武举制的终结及其对武术的影响

清代是武举制的鼎盛时期，同时也是衰亡时期。清代武举制继承明代制度，在执行上采取文武并重的办法。从顺治三年（1646）开始文科和武科考试。武科与文科一样，分为童试、乡试、会试、殿试四级。一般三年举行一次，有新皇帝即位或皇帝、太后大寿等，另加恩科考试。考中者，有武秀才、武举人、武进士之名。武童试分三场：头场马射，二场步射，合格者再试硬弓、舞刀、举石。

鸦片战争后，中国国门被侵略者的坚船利炮打开，火器逐步成为战场的主角。冷兵器时代选拔将士的武举制逐步走向没落实属必然。例如，道光年间，三次武科一甲分别只取一、二名。义和团运动的失败昭示了传统武艺在军事上无法挽回的颓势，以骑

马、拉弓射箭为标志的武举制退出历史舞台只是时间问题。正如康有为所说，武科考试开弓、舞刀、掇石的“技勇”，就像小孩子做游戏，已与兵事毫无关系。[1]

晚清，天津武备学堂的设立加速了武举制的没落。清末武备学堂在15年的办学过程中培养了近1,000名学生，这些学生大多成为清末新军编练的骨干和北洋军阀集团的重要成员，如段祺瑞、冯国璋、曹锟、吴佩孚等，在历史上很有影响。武备学堂的宗旨是“造就将才”，有较为完备的适应现代军事人才培养的体系，军事技能的核心课程骑射（武技）课被改为体操（兵操）课。学堂以“西洋行军新法”为教学内容，教授“西洋后膛各种枪炮、土木营垒及行军、布阵、分合、攻守各法”[2]，已不再设旧武学必习的弓、刀、石等技勇和必读的“武经七书”等文理课程。光绪二十七年（1901），朝廷以“谓武科途，本因前明旧制，相沿已久，流弊滋多，所习原弓、刀、石及马、步射，皆与兵事无涉，施之今日，亦无所用”，下诏“永远停止”。武举制终结。

考察武举制对武术的影响，需将两者放在整个冷兵器时代中进行考量。“武术与军事武艺同源而生，存续了武术与军事武艺产生、交融、发展、分离的完整过程。”[3]冷兵器时代，无论是大规模的集团作战，还是小规模的武装冲突，最终决胜还要依赖个人的作战能力，一对多或一对一近身肉搏是战争中的常态。因此，军队中十分重视士兵个人技击能力的训练。中国古代形成了民军制、征兵制、募兵制、世兵制等风格各异的兵役模式，“寓

〔1〕李娜：《清代武举制度对武术的影响》，硕士学位论文，山西大学，2012，第20页。
〔2〕哈恩忠：《光绪朝各省设立武备学堂档案（上）》，《历史档案》2013年第2期。
〔3〕李印东：《论武术与军事的历史渊源》，《北京体育大学学报》2009年第12期。

兵于民”是古代兵役制的基本特征。农耕和习武是一般老百姓最主要的生活内容。“四时讲武，三年大习。”这种“作内政而寓军令”式的军事平民化和生活军事化的兵政结合、军民不分，极大地推动了民间武术和军事武艺的交融与相互促进。

武举制作为国家的一项制度，为寒门士子中身体健硕者提供了一条通过习武进身统治阶层的途径。武举制的内容主要是“集团作战用的各类射技和马上枪术、力量等”，其目标是选拔领军作战的统帅，这与以自保为目的的民间武术有很大不同。但武举制推动了民间武术的发展，同时民间武术的发展又成为输送军事人才的重要途径。武举制的终结，切断了民间习武群体通过科举取士进入统治阶层的通道。

二、清末新式武术的萌芽

武术具有军事功能、健身功能、观赏功能、娱乐功能、经济功能等多重功能。[1]随着冷兵器逐步退出军事舞台，军事武艺与武术之间在技艺层面的联系几近终结，而武术的健身养生等体育功能日益凸显。

中华先民在早期的武术实践中，逐步认识到习武的健身价值。当然，这种对武术健身价值的认知并非独立存在，格斗搏杀仍是武术存在的第一要旨。这一时期可以认为是武术体育思想的萌芽期。最早有关武术具有健身功能的论述出现在孙子的论著中，孙子曰：“搏刺强士体”，意为练习武术搏杀技艺具有增强将士体质的作用。

---

〔1〕李印东：《武术释义——武术本质及功能价值体系阐释》，北京体育大学出版社，2006，第10页。

雍正乾隆年间，著名拳家苌乃周在《苌氏武技书》中写道："人禀天地之气以生，乃一小天地。"第一次将"天人合一"的传统思想与习武结合起来。在其后写下的《中气论》《过气论》《行气论》《点气论》《养气论》系列论著中，他详细地阐述了习武应该"练形以合外，练气以实内"的内外俱练的观点。这时期，嵩山少林寺僧众也将习武与兼修内功结合起来，将《易筋经》《八段锦》《分行内外功》等汇集成《内功图》，作为武术功法。其他一些武术门派也纷纷将习拳与练气结合起来，逐步形成了"以意领气，以气运身、以气助力，追求意、气、劲、形四者有序配合"的内家拳。

武术搏杀功能的削弱和健身功能的凸显，为武术体育化提供了内在动力。咸丰年间，王宗岳《十三势歌》中有"详推用意终何在？益寿延年不老春"〔1〕的论述。同治初年，杨露禅受荐至京师任旗营武术教官，他将太极拳中的发力、跳跃等动作删去，创编了适合达官显贵和体弱年迈者练习的杨式太极拳。

清末，西方体育伴随教会学校进入中国，体育是教会学校的重要教学内容。由美国基督教传教士布朗创办于1839年的马礼逊学堂是近代中国第一座西式学校，其学生每天读书八小时，还有三四个小时在户外场地上运动和娱乐。〔2〕除了教会学校中的西方体育教育，另一种西方体育随着洋务运动进入中国，这就是新军操练的西方兵操，这种"洋操"也在大中城市的部分学校中开展起来。田径、球类、游泳等项目和竞赛形式也先后被引入，

〔1〕（清）王宗岳著，沈寿点校考评，《太极拳谱》，人民体育出版社，1995，第35页。
〔2〕陈晴、赵勇：《教会教育与中国近代体育》，《武汉体育学院学报》1997年第3期。

西方体育在中国迅速传播开来。

近代西方体育在中国的传播有两大特点。首先，近代西方体育的引进带有浓重的军事色彩。近代西方体育就是随着新式军队的训练和新式学堂的教学和训练活动被引进的。洋务运动期间，清政府开设了大批军事学堂，如北洋水师学堂（1881 年创建）、南洋水师学堂（1890 年创建）、天津武备学堂（1885 年创建）、广东水师学堂（1887 年创建）、广东陆师学堂（1887 年创建）、湖北武备学堂（1895 年创建）。这些军事学校以西式的课程内容为主，主要围绕击剑、刺棍、木棒、拳击、火器（洋枪、洋炮）和文理科目开展教学，这些西式课程的开设在一定程度上限制了武术的开展。当时北洋水师学堂所设置的课程有击剑、刺棍、拳击、哑铃、足球、跳栏、跳远、跳高、游泳、滑冰、木马、单双杠等。1898 年，资产阶级改良派掀起的戊戌变法（又称百日维新）提倡西学，废科举，兴学校，其代表人物康有为、梁启超、谭嗣同、严复等汲取西方进化论思想，以“耻文弱”、“尚武”、救国图强的军国民主义教育思想提倡体育。19 世纪 80 年代，教会对体育教育愈加重视，开设的体育课程内容更加丰富而有趣。上海圣约翰书院还在 1890 年举办过以田径为主的校运动会，这是我国最早的田径运动会。

在西方体育的影响下，武昌文华书院在校内开展的体育活动，不仅有足球、棒球等西方体育运动项目，而且有放风筝、踢毽子、跳绳、拔河等中国传统体育运动项目。作为洋务运动的倡导者，曾国藩、李鸿章等一方面“师夷长技以制夷”，学习西方军事，开展了以“练兵”“制器”为中心的“自强”活动，另一方面在军中倡导练习武术。这标志着武术与西方体育在近代军事学堂的早期融合。而学校体育中的武术教育开展得相对晚一些。1901年，马良在山西陆军学堂任教习时，以自己所编的“拳脚科”教授学生，随后对武技进行整理并定名为“中华新武术”。“中华新武术”以传统武术为素材，借用兵式体操的操练方法，配以口令引导练习，将传统武术与兵式体操融为一体。

在西方体育传入中国之前，中国没有作为独立形态而存在的体育，类似体育的文化形式融存于民俗节庆、军事武艺、中医养生、曲艺杂耍、结社活动之中。西方体育的传入，为武术作为独特的民族体育从其他文化形态中剥离起到了先行示范的作用，从而促进了民族传统体育的发展。然而，由于受到义和团运动的影响，社会武术组织投入反对洋教的斗争，而洋学堂也在习武团体的抵制之列，武术真正融入现代教育是在义和团运动的影响逐渐消退之后。

第四节 《中国之武士道》及其对武术的影响

一、梁启超编写《中国之武士道》的历史背景

19世纪末，清王朝处在内忧外患中。中日甲午战争以北洋水师的覆灭而告终，它也标志着同一时期日本明治维新的成功和清朝洋务运动的失败。大清国被一直臣服于自己的日本打败的事实在全国上下掀起一场“非变法无以图存”的思潮。“师夷长技以制夷”，向西方学习尤其是向近邻日本学习成为进步知识分子的首选，留学日本颇为盛行。这一时期，慈禧与光绪之间的斗争也日趋公开化。在光绪皇帝的支持下，以康有为、梁启超为代表

的维新派进行戊戌变法，试图对传统政治制度进行彻底变革，以俄、日为师建立君主立宪政体。由于缺乏变革的基础，戊戌变法最终以失败而告终，梁启超被迫流亡日本。

戊戌变法的失败对梁启超刺激很大。在日本，梁启超“广搜日本书读之，脑质为之改易，思想言论与前者若出两人”〔1〕。他认识到中国积弱不振，政府与人民都有责任。“吾国之受病，盖政府与人民皆有罪焉。其驯致之也非一时，其酿成之也非一人，其败坏之也非一事”〔2〕，并进一步指出统治者的愚民、暴民政策致使人民爱国之心薄弱，实为积弱之最大根源。

在日本的所见所闻对梁启超的触动很大，他在一次出游时偶遇日本兵营，见“满街红白之标识相接……盖兵卒入营出营之时，亲友宗族相与迎送之，以为光宠者也。……余于就中见二三标，乃送入营者，题曰‘祈战死’三字。余见之矍然肃然，流连而不能去”〔3〕。梁启超为弥漫于日本社会的武士道精神所感染，意识到尚武精神对国家与民族的重要性。

日本的武士道精神对清末军国民主义教育思想的形成产生了深刻影响。1901年，在载于《清议报》的《中国积弱溯源论》一文中，梁启超对导致中国积弱的“人心风俗”，如奴性、愚昧、为我、好伪、怯懦、无动等痛下针砭。同时，对中国的国民性进行了严厉批判：“中国世俗，有传为佳话者一二语，曰百忍成金，曰唾面自干，此误尽天下之言也。……犯而不校，在盛德君子，偶一行之，虽有足令人起敬者；然欲使尽天下而皆出于此

〔1〕丁文江、赵丰田编《梁任公先生年谱长编：初稿》，世界书局，1958，第93页。
〔2〕梁启超：《中国积弱溯源论》，《清议报》1901年4月29日至7月6日。
〔3〕张丽华：《梁启超与〈中国之武士道〉》，《云梦学刊》2008年第5期。

途，是率天下人而为无骨、无血、无气之怪物，而弱肉强食之祸，将不知所终极也。”在一个弱肉强食的竞争时代里，“百忍成金”“唾面自干”等传统儒家的忍辱信条，已失去了作为社会道德的合理性。其后，他在《新民说》中写道：“然则尚武者国民之元气，国家所恃以成立，而文明所赖以维持者也。……立国者苟无尚武之国民，铁血之主义，则虽有文明，虽有智识，虽有众民，虽有广土，必无以自立于竞争剧烈之舞台。”从对中日文化相异性的自觉，到对中国国民性的批判，再到对尚武“文明”的认同[1]，可以清晰地看到梁启超对当时世界的认知、对中国问题的判断和改造——通过再造现代国民的理想人格，从而促进整个国家即“群体”的革新。而尚武精神作为新民论的重要一环，其目的是通过改造中国人怯懦、畏死的性格，塑造拥有“心力”“胆力”“体力”的独立国民，在此基础上才能形成足以与列强对抗的近代国家。

二、《中国之武士道》成书过程及主要内容

流亡日本初期，梁启超开始探寻解决中国社会病态的良方妙药。其间发表于《清议报》上的《祈战死》和《中国魂安在乎》二文在当时社会上产生了巨大的影响。在文章中，他将日本的崛起归结为日本民族的武士道精神，进而提出如何锻造中国民族精神等一系列主张。1904 年，梁启超撰写《国史稿》（又名《中国民族外竞史》）时，顺带撰写了《中国之武士道》一书（图 1-1 为 2006 年版封面）。同年 11 月，该书由上海广智书局出版，署

〔1〕张丽华：《梁启超与〈中国之武士道〉》，《云梦学刊》2008 年第 5 期。

名“饮冰室主人”。《中国之武士道》一经问世便在社会上产生了巨大反响。

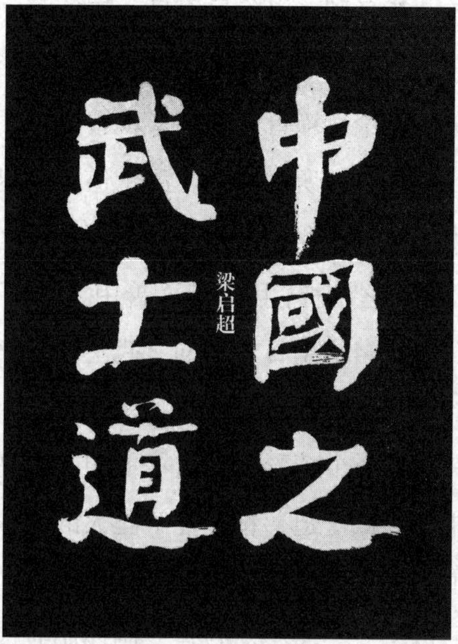

图 1-1　《中国之武士道》封面（2006 年版）

在《中国之武士道》开篇，梁启超直抒胸臆：“泰西日本人常言，中国之历史，不武之历史也，中国之民族，不武之民族也。呜呼，吾耻其言，吾愤其言，吾未能卒服也。”书中辑录了春秋战国至汉初“以武德著闻于太史”的 70 多位武人的故事，并将孔子列为践行中国武士道的第一人，赞其在外交场合不畏强权，一切以国家利益为重。梁启超感慨道：“天下之大勇，孰有过我孔子者乎？身处大敌之冲，事起仓促之顷，而能底定于指顾之间，非大勇孰能与于斯？”书中的人物来自社会各阶层，身份地位迥异，其中既有君主、宰相、将军、太子等达官显贵，也有陪臣、谋士、士兵，还有屠夫、仆人、渔夫、民妇等普通民众。其中最具代表性的人物是大侠和刺客，他们重情，尊道义；重然诺，轻生死；重名誉，淡名利。以除暴安良、扶危济困、急人所难、行侠仗义为己任，为了一句诺言而捐弃生命，为了名誉而抛头颅洒热血。每篇杂以评论，篇首还刊出《蒋智由序》《杨度叙》《梁启超自序》，阐述各自所理解的“武士道”内涵。蒋序结尾将此书的意义定为“欲扩张我国人尚武之范围而大之。诚审是意而读是书，取古人武勇之精神，因时势而善用之，其于提倡武者之心，必盖有合矣”。书名借用日本名词“武士道”表明梁启超不避讳受日本文化的直接影响。

“一书三序，个个精彩”是这本书的一大亮点。梁启超在自序中回顾了中国“武士道”精神瓦解湮灭的历程和原因，并指出这一精神的消失对中国民族性的戕害是中国近代积贫积弱、受人欺凌的重要原因之一。文中对封建专制体制有极为深刻的剖析：“我民族武德之斫丧，则自统一专制政体之行始矣。统一专制政体，务在使天下皆弱，唯一人独强，然后志乃得逞，故曰，一人为刚，万夫为柔，此必至之符也，作俑者为秦始皇……次摧之者则汉高祖。”[1]文中一再发出令人悲伤的感叹：何意百炼钢，化为绕指柔！杨度则在《中国之武士道》之序言中对“武士道”精神内核进行了更深层次的挖掘和阐发。而蒋智由的序言直点主题，“彼日本崛起于数十年之间，今且战胜世界一强国之俄罗斯，为全球人所注目。而欧洲人考其所以强盛之原因，咸曰由于其向所固有之武士道。而日本亦自解释其性质刚强之元素，曰武士道，

[1] 梁启超著，冯保善评点《新评中国之武士道》，吉林出版集团有限责任公司，2008，第2页。

武士道。于是其国之人，咸以武士道为国粹，今后益当保守而发达之。而数千年埋没于海山数岛间之武士道，遂至今日其荣光乃照耀于地球间。”

《中国之武士道》对中国尚武精神的呼唤犹如夜空的霹雳，唤起了无数仁人志士的爱国热情。

三、《中国之武士道》对近代武术的影响

近代中国，面对外敌入侵和国势日衰，仁人志士自觉将救亡图存作为奋斗的目标与使命。《中国之武士道》反映了近代中国人在强健国民体魄、振奋民族精神上的迫切需要，也是对“中国向何处去”问题的一种解答。梁启超用观点犀利的饱含热情的文字，勾画了使民族、国家强盛以及通过教育改造国民精神的蓝图，其撰写的《中国之武士道》《新民说》《中国魂》系列作品对近代中国思想界产生了深远的影响。

从思想的高度来看，《中国之武士道》是一场开展尚武精神教育的思想启蒙运动。尚武精神得到各阶层知识分子的广泛认可，进而引发了军国民主义教育思潮。首先对尚武精神产生强烈共鸣的是早期留日学生。1901 年，林长民、林文潜等在杭州日文学堂的《译林》杂志上连载了译文《军国论》，将“军国”的概念引进中国，并呼吁中国效仿日本实行征兵制。而在日本军事院校留学的蔡锷与蒋百里对军国民主义及军国民主义教育思想进行了系统性阐述。1902 年 2 月，在日本陆军成城学校留学的蔡锷以奋翮生为笔名在《新民丛报》上连载了《军国民篇》，他高声疾呼，“居今日而不以军国民主义普及四万万，则中国其真亡矣”，并提出“故欲建造军国民，必先陶铸国魂”。陈独秀先后编写《东

海兵魂录》和《中国兵魂录》，试图培养中国军人的尚武精神。这次思想启蒙运动的参与人群极为广泛，既有当时颇具影响力的文人——蔡元培、戴季陶、辜鸿铭等，又有后来改变中国历史进程的武将——蔡锷、黄兴、徐锡麟等。这种思潮还引起清政府的高度重视，清朝学部侍郎严修曾经两次东渡考察日本教育，1906年3月奏请宣示“忠君、尊孔、尚公、尚武、尚实”的教育宗旨，其中明确将“尚武”作为一项教育方针。

以《中国之武士道》为代表的著作在知识精英中引起了广泛的共鸣，激发了近代中国的尚武热潮，也激发了近代中国对重建民族精神的渴求。著名历史学家顾颉刚回忆自己小时候读私塾时说：“梁任公先生的言论披靡了一世。”并且说，“我受了这个潮流的涌荡，也是自己感到救国的责任，常常慷慨激昂地议论时事。《中国魂》中的《呵旁观者文》和《中国之武士道》的长序一类文字是我的最爱好的读物。”〔1〕

《中国之武士道》所引发的尚武思潮，在极短的时间内为武术运动迅速向近代体育化、科学化转型提供了良好的舆论氛围。尚武、习武得到知识精英的广泛认可，许多精英人物参与其中，成为推动近代武术转型的中坚力量。

马明达在《说剑丛稿（增订本）》一书中写道：“‘庚子拳乱’后在重灾区的天津，许多人对武术怀有偏见，武术界自身又多宗派门户之见，某些武术人士江湖习气根深蒂固。”〔2〕而正是受到《中国之武士道》思想影响，其父马凤图在天津读大学时，与叶云表、张恩绶等人发起创立“中华武士会”，该会的宗旨就

〔1〕顾颉刚：《古史辨自序》（上），商务印书馆，2017，第26页。
〔2〕马明达：《说剑丛稿（增订本）》，中华书局，2007，第354页。

是梁启超提倡的强身励志、自强不息的尚武精神。

第五节 清末民间武术社团的复苏

庚子事变后，面对“变亦变，不变亦变”的局势，清朝被迫参照西法施政以挽颓势。光绪二十七年（1901）八月二十日发布《变法自强谕》，文称“须知国势至此，断非苟且补苴所能挽回厄运。惟有变法自强，为国家安危之命脉，亦即中国生民之转机”[1]，同时给出变法具体路径，“择西法之善者，不难舍己从人，救中法之弊者，统归实事求是”[2]。

一、清末“新政”宽松的政治环境为民间武术组织的复兴创造了条件

《变法自强谕》拉开了清政府被迫变法的序幕。1906年，清政府宣布预备立宪，其后不久立宪派领导了三次声势浩大的国会请愿运动。虽然，事实证明这次预备立宪是清朝统治者为延续其统治做出的姿态，实则是个骗局，但是这对当时中国社会民间各类组织产生了广泛的影响，尤其是1908年颁布的《结社集会律》更可谓“新政”的重大革新。其中说道：“结社集会种类甚多，除秘密结社，潜谋不法者应行严禁外”，其他团体“但令宗旨无悖于治安，即法令可不加以禁遏”。《结社集会律》的出台在一定程度上放宽了对民间结社集会的禁令，并以法律形式对文化社

〔1〕周谷城：《周谷城全集 第一卷 中国政治史》，上海社会科学院出版社，1988，第317页。
〔2〕周谷城：《周谷城全集 第一卷 中国政治史》，上海社会科学院出版社，1988，第317页。

团活动进行规范，保障了活动的合法性。“新政”后期，宣统三年（1911），清政府又颁布了《准开党禁颁布特赦谕》：“嗣后大清帝国臣民，苟不越法律范围，均享国家保护之权利。非据法律不得擅以嫌疑逮捕，至此次被赦人等，尤当深自拔濯，抒发钟爱，同观宪政之成，以示朝廷咸与维新之意。”〔1〕

清末十年相对宽松的社会环境，带来了中国近代社会政治、经济、军事、教育等全方位的深刻变革。“新政”在文化上的改革更有明显的效果。自从清政府通令各省兴办学堂以后，“天下知朝意向西学，哄然改书院，卖积谷，加亩捐。凡天下有血气者，莫不以办学为先务矣”〔2〕。至1911年，改设、新建学堂达5.25万所，学生达156万人。〔3〕

“新政”在军事上的改革也有一定作用。1903—1910年，全国共编练新军14镇、18混成协、4标、1禁卫军。〔4〕这些新编练的军队，淘汰了旧军以鸟枪、抬枪、旧式步枪为主的武器装备，结束了中国旧式军事制度、编制和笨拙的操练方式，形成了仿效西方的统一建制。袁世凯就是趁编练新军的机会设立了巡警学堂、宪兵学堂、军官学堂，以及军医、兽医、军械等各类学堂，把统帅北洋六镇新军的大权牢牢抓在自己手里。

---

〔1〕故宫博物院明清档案部汇编《清末筹备立宪档案史料》（上），中华书局，1979，第95～96页。

〔2〕钱振鍠:《学堂记》(《名山文约》卷六)，转引自邓亦兵《论清末“新政”的历史作用》，《史学月刊》1982年第6期。

〔3〕郭孝义主编《中国近代史》，华东师范大学出版社，1990，第252页。

〔4〕中国社会科学院近代史研究所中华民国史组编《中华民国史资料丛稿 第二辑 清末新军编练沿革》，1978，第88～89页。

二、清末武术组织生存状况

义和团运动失败后，清政府下令严禁各类秘密结社。民间习武也受到相当的冲击，转入地下、半地下状态，仍然能公开进行武术活动的拳社寥寥无几,北京的四民武术研究社便是其中之一。北京特殊的政治环境使习武风气长盛不衰。历代统治阶级均对武备高度重视，清朝生活在京师重地的八旗子弟自然将武艺作为必修科目加以习练。同时，大批武术人才汇集京师谋生，有的入住王府为护院师傅，有的以武术教头为生计，还有的以开镖局押镖为生。据记载，当时各派各门武术聚集京师者多系名手。有在各军营教练外营兵士者；有立武场教授普通人民者；有在私人宝邸秘传三五者，比比皆是。[1]随着近代银行、铁路运输的兴起，镖局行业逐渐退出历史舞台。其中部分武艺高超的镖师转行传武授徒。因此，清末武林高手与王公贵族多有往来。清朝的王公贝勒喜好武术的比比皆是，达官显贵对武术的喜爱推动了京城民间武术的发展。

四民武术研究社是北京历史上第一家武术社，于 1900 年由河北著名形意拳师刘奇兰的弟子耿继善创建，社址位于地安门外火神庙，专门传授形意、八卦拳械。四民武术研究社第一代掌门人耿继善生性豪爽，长得面如傅粉，十八般武艺中尤擅大枪，故人称“粉面金刚耿大枪”。四民武术研究社为京城武术界提供了交流平台，其中万通镖局镖师李存义，和盛镖局镖师刘德宽，八卦掌名家程有信、刘凤春，六合拳名家刘彩臣，形意拳、八卦掌

---

〔1〕麦克乐：《五十年来中国之体育及武术》，载国家体委体育文史工作委员会、全国体总文史资料编审委员会编《中国近代体育文选 体育史料 第 17 辑》，人民体育出版社，1992，第 109 页。

名家孙禄堂，形意拳名家尚云祥，太极拳名家吴鉴泉、吴图南等武术大家都与之有来往。义和团运动失败后，几乎同一时期成立的四民武术研究社能够在皇城根生存下来与创办者恪守武林正宗不无关系。四民武术研究社具有特殊的意义，它是近代城市武术社团的标志，对义和团运动后武术社团的发展起到了引领示范作用。

这一时期创办的武术社团往往是以体育组织的名义。如1910年霍元甲在上海创办了精武体操学校；1910年，叶云表、马凤图、张恩绶等筹划并于1911年正式创办中华武士会，这无疑也反映了义和团运动对武术组织的影响。

第六节 精武体育会的创办始末及其影响

在中国近代史上，没有其他任何一个民间体育组织像精武体育会一样对中国社会产生如此深远而广泛的影响。从1910年创办到现在，精武体育会历经110多年，至今仍然在传播中华武术文化。

一、霍元甲与精武体操学校的创立

霍元甲（1868—1910），字俊卿，清末著名爱国武术家，精武体育会创始人。祖籍河北安乐屯，世居静海小南河村（今属天津市西青区精武镇）。霍元甲生在秘踪拳世家，父亲霍恩第以保镖为业。霍元甲天资聪颖，毅力惊人。成年后的霍元甲以武会友融会贯通，将祖传秘踪拳发展为迷踪艺。24岁因击败外地著名武师而一战成名。

为了维持生计，27 岁以前的霍元甲时常挑柴从小南河到天津去卖，这期间他曾用一条扁担战败十多个强索过路费的地痞。28 岁后，他曾在天津码头当脚行头，后来在农劲荪开设的怀庆药栈当帮工，并升任掌柜。其间受到农劲荪的影响，开始关心政治、通晓爱国大义。1898 年，戊戌变法失败，霍元甲同情维新派的北京源顺镖局掌柜王子斌，与之一见如故，成为莫逆之交。八国联军侵华期间，王子斌参与义和团遇害。霍元甲与徒弟刘振声潜入京师，取回了王子斌的尸首，与《老残游记》作者刘鹗一道，将王子斌身首合葬。

1909 年，欧洲大力士奥皮音在上海辱我“东亚病夫”，沪人哗然。霍元甲应友人邀请，携徒赴上海约期比武。慑于霍元甲拳威，对方以万金作押要挟，霍元甲在友人支援下，答应愿出万金作押。对方一再拖延，霍元甲在报上刊登广告，文曰：“世讥我国为病夫国，我即病夫国中一病夫，愿与天下健者一试”，并声言“专收外国大力士，虽铜筋铁骨，无所惴焉！”〔1〕霍元甲之声威使奥皮音未敢交手即破胆而逃，连公证人和操办者也逃之夭夭。

沪人多知霍元甲之武技，若不为之流传，殊为可惜，遂提议办一所武术学校，借收学费以维持霍元甲师徒二人生活。1910 年，霍元甲在上海武术界友人的帮助下创办了“精武体操学校”（后改名精武体育会）。

由于年轻时习武过度，“曾练气功，吞气横阙，遂伤肺部”〔2〕，

---

〔1〕谢玉明：《中国近代爱国武术家——霍元甲》（未出版），2000，第 7 页。
〔2〕陈公哲：《精武会 50 年》，春风文艺出版社，2001，第 8 页。

霍元甲患有咯血病而面色蜡黄，加之过度劳累，1910 年 9 月不治身亡，终年 42 岁。

霍元甲逝世后，精武体育会弟子和上海武术界爱国人士为霍元甲举行了隆重葬礼，敬献了“成仁取义”挽联，安葬于上海北郊。转年，由弟子刘振声扶柩归里，迁葬于小南河村南。

二、精武体育会的建立和发展

霍元甲去世后，学校运营步履维艰，“校中学员日来三五，上课无一定时间，既无规章，亦无时间表……去市区颇远，……且学校毫无组织，亦无人负责”[1]。于是，霍元甲的学生陈公哲、黎惠生、姚蟾伯、卢炜昌等议定改“精武体操学校”为“精武体操会”，重新改换地址、确立宗旨、厘定章程、征集会员。第二年，租用万国商团义勇队故址，改建为会址。1915 年 7 月，上海遭飓风，会址受损。于是，陈公哲（图 1–2）捐献地产，姚蟾伯与陈凤元二人分担建筑费两万余元，建造新会址。1916 年春，上海培开尔路（今惠民路）73 号新会址竣工。

迁入新会址后，会员日增，且以“体操”二字未能完满，故易名曰“精武体育会”，仍奉霍元甲为创始人。1919—1920 年，又购入西邻土地十余亩开辟精武公园。

精武体育会是我国第一个以武术为主兼容其他各项近代体育运动的综合性民间体育组织。精武体育会以“提倡武术，研究体育，铸造强毅之国民”为主旨，以德、智、体三育训练会众。陈公哲在阐释精武体育精神时写道：“当时中国民族，有‘东亚病

〔1〕陈公哲：《精武会 50 年》，春风文艺出版社，2001，第 18 页。

图 1-2 陈公哲像

夫'之诮，余尝考其所致之由。夫每个民众身体之不健全，亦即全体民族之不健全，欲泄此耻，厥为提倡国民体育耳。盖无体育不足以强身，无体育不足以强民。为适应环境，赶上时代，余于精武之号召以体育领先。意即体魄之不健全，曷足以言智育；智育之不健全，曷足以言德育。躯壳者实为载智、载德之工具也，故余有'体育万能'之警句，以为精武标语。体育发达，其用于善者为健身强民，其用于恶者为斗争伤人，必须有道德观念，与体育、智育同一重要，而殿两者之后。"〔1〕

精武体育会会徽（图 1-3）是盾形，中缀三星和精武体育会

〔1〕陈公哲：《精武会 50 年》，春风文艺出版社，2001，第 21 页。

字样。盾取自卫之意，三星代表德、智、体三育。会旗有两种，长方形旗和三角旗，底色均为白色，上缀红、蓝、黄三星，三角旗上还有“精武”字样。

图 1-3　精武体育会会徽

民国七年（1918），精武体育会还创作了会歌《精武颂》：“国不强兮招毁灭，人不强兮难自立。振我精神锻我筋骨，充我智能坚我魄力。百炼此身如钢铁，任何威武不能屈。大家齐努力，发扬精武式，卫国魂，尽天职。”

精武体育会尽量避免参与政治。精武体育会创立之初，入会会员许多是革命党著名人物，如陈其美、旦冒申、陈铁生等。因此，精武体育会“颇受官厅侦缉之注意”。为了获得官方的信任，陈公哲聘上海著名商界人士袁恒之、聂云台、王阁臣、霍守华等为会长，不参与政治并与党派人物保持距离。“精武以无党派立场办理。不自我利用，亦不许他人利用，以专门学术为依归，十年之后，故能获得一般社会之信任，宗旨纯洁，驰名中外。”[1]正是由于行事小心，精武体育会多次避免了被卷入政治旋涡。

〔1〕陈公哲：《精武会 50 年》，春风文艺出版社，2001，第 28 页。

1915年袁世凯称帝于北京，捉拿革命党人，新立社团多被解散，精武体育会以“提倡体育号于众，著名于时，故未受取缔，地方人士莫不视为奇迹”[1]。

1915年以前，精武体育会的活动仅限于推广武术。1915年起，精武体育会扩充学科，改良形式，增设了兵操、文事、游艺等内容。兵操主要教授兵式体操，包括单杠、双杠、木马、平台、射箭、袖镖、飞锤、哑铃、捻石、举重；文事主要是指语文、英文、国医、照相、绘画等课程；游艺是指音乐、篮球、足球、网球、标枪、跳高、跳远、骑马、溜冰等文体活动。精武体育会设技击部，负责推广武术。该会打破门户畛域，不争一家一派之短长，无论流行于黄河流域、长江流域，还是珠江流域的拳械，皆进行提倡。该会曾设教的武术种类包括弹腿、工力拳、十字战等50多种单练拳术，以及弹腿、合战等20多路拳术对练；达摩剑、八卦刀、群羊棍、奇门枪等数十路器械，以及对枪、单刀对大刀等50多路器械对练。

精武体育会建立后，发展迅速，培养了大批体育人才。

1911年起，精武体育会开始在国内其他地方建立分会；1919年起，开始向南洋发展；1921年后，陆续在东南亚多地建立精武分会。国内外所建精武体育会多达57所，会员约4万人。

三、精武体育会对近代武术的影响

精武体育会是在民族危亡的特殊历史时期，作为尚武救国的典型事例出现的，对当时的政治、文化和教育都产生了广泛而深

---

〔1〕陈公哲：《精武会50年》，春风文艺出版社，2001，第28页。

远的影响。精武体育会将武术与西方体育融为一体，用西方体育的思维方式考察武术，为武术近代变革创造了条件。

（一）霍元甲和尚武精神引发社会广泛关注

霍元甲成长的年代正是清政府昏庸腐败无能，对外投降妥协、对内封建专制的时代；也是社会精英阶层受西方影响并逐步觉醒，向外寻求变革思想来强族强民的时代；同时也是中国人民生活困苦不堪，用暴力反抗封建奴役与压迫和抵制外国侵略的时代。他在成长中经历了洋务运动求强求富的破灭、中日甲午战争的战败、义和团运动的失败，同时也经历了国家由长期专制而“麻木不仁”“兵败”“民弱”，到中国人体质衰弱、体育落后被外国人污名化为“东亚病夫”的过程。自鸦片战争，清政府屡战屡败，使得整个民族士气低落，从一开始国人认为军事不如人，到后来认识到无论是精神方面、社会方面还是物质方面都不如人。

作为思想启蒙者，梁启超用文章呼吁和呐喊，他在《论尚武》中讲：“诚欲养尚武之精神，则不可不具备三力。”“三力”即心力、胆力、体力，其中体力即“体魄者，与精神有密切之关系者也。有健康强国之体魄，然后有坚韧不屈之精神”。梁启超围绕“尚武强种”的系列雄文振聋发聩，引发了知识精英的共鸣，也引起了全社会的广泛关注。同时，霍元甲的横空出世驱散了长期笼罩在中国人心头的阴霾，极大地鼓舞了士气、振奋了民族精神，也使武术成为国人摆脱“东亚病夫”的首选。时代呼唤英雄，而霍元甲的英雄情节顺应了时代的潮流。霍元甲说：“同自家乡亲和气，方为好汉，与外国民族争雄，乃是英雄。”“一人强，

无大用，全民强，有希望。”“欲使国强，非人人尚武不可。”〔1〕

难能可贵之处在于，霍元甲对武术中存在的流弊有真知灼见，他曾表示集各派之长，使武术传之后世的愿望，而原来武术界传者各宗其宗，以相仇敌，莫知大体。〔2〕精武体育会的成立消解了义和团运动给武术带来的负面影响，精武体育会成为弘扬尚武精神的重要载体，推动了武术运动的普及和发展。霍元甲去世后，继任者继续完成霍元甲未竟之事业，并融入了更新的理念。上海的中央精武体育会〔3〕及国内外各精武分会还办有刊物，向民众宣传精武精神。精武体育会有严格的戒条：“不准以我之拳头加于同胞身上”，并提出“国术科学化，传习一百万人”的口号。难能可贵的是，精武体育会对习武者的武德及行为规范进行了要求，并述之于《精武式》：

一、精武式之人物：三育训练，获有全能。二、精武式之人格：化正廉明，尊人重己。二、精武式之风度：诚实坦白，博爱平等。四、精武式之言行：坐言起行，证以事实。五、精武式之信守：一言一诺，重于订约。六、精武式之守时：约会守时，不求原谅。七、精武式之正义：尊重正义，不讲私情。八、精武式之服务：非以役人，乃役于人。九、精武式之福利：乃予于人，非取诸人。十、精武式之友道：爱己及人，视同兄弟。〔4〕

〔1〕谢玉明：《中国近代爱国武术家——霍元甲》（未出版），2000，第 8 页。
〔2〕成都体育学院体育史研究所:《中国近代体育史资料》, 四川教育出版社, 1988, 第 338 页。
〔3〕 1926 年《精武月刊》第 52 期记载：“中央精武为海内外各处精武之总机关，凡各处精武之国操主任暨教员，均由中央委任，各处精武来往函件务希直书中央精武收……盖上海精武只为一省区之分机关……”中央精武体育会是精武体育会人才培养和交流沟通的机构，它不直接管辖各地方分会，而是技术和思想的引领者。
〔4〕陈公哲：《精武会 50 年》，春风文艺出版社，2001，第 25 ～ 26 页。

精武体育会曾多次受到孙中山的赞誉。中华民国成立后，精武体育会每年召开运动大会，多请孙中山到场讲话。在 1916 年 11 月举办的精武体育技击运动会上，孙中山就中华武术发表了自己的看法。他在演讲中说，技击术为中国国粹，自枪炮发明之后国技逐微。欧洲战争的实践证明，枪炮为冲锋之用，肉搏则非技击术不可。况且随着科学日益进步，枪炮终将穷于用，而中国将来与列强相周旋最后五分钟必借技击术为强有力之后盾。[1] 这是当时社会精英和知识分子对中国传统武术寄予的厚望。

精武体育会十周年纪念时，孙中山为陈铁生编著的《精武本纪》作了序并题词曰“尚武精神”（图 1-4）。《精武本纪 · 序》虽然简短，仅有 500 多字，但是却表达了孙中山在当时“强国健身、振兴中华”的社会语境下对中华武术的关切，也透露了比较完整、直接的近代体育思想。

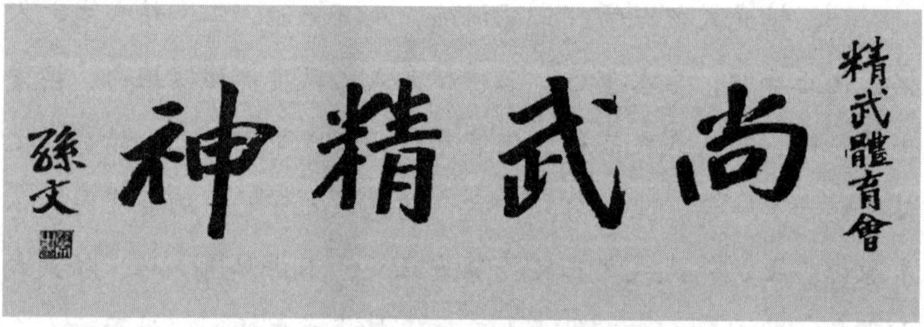

图 1-4　孙中山为精武体育会成立十周年题词

首先，孙中山强调了中华武术技击的价值。如在序文中讲“慨自火器输入中国之后，国人多弃体育之技击术而不讲，驯至社会个人积弱愈甚，不知最后五分钟之决胜，常在面前五尺地短兵相

〔1〕孙文：《精武技击运动纪》，《申报》1916 年 11 月。

接之时。为今次欧战所屡见者，则谓技击术与枪炮飞机有同等作用，亦奚不可？”[1]可以看出孙中山在当时背景下对武术技击实用功能的肯定，以欧洲现代战争为例，说明在现代战争中枪炮弹药用完的情况下，还需要强健的体魄进行短兵相接的对抗，凸显了武术在近战中的实用性，并对一些知识分子提出的“武术无用论”进行了批判和反驳。如果国人注重学习西方的“物质文明之粗末”，而忽略了“本体固有之技能”，就会得不偿失。

其次，孙中山强调了武术强种保国的作用。孙中山在1912年就提出了“欲图国力之坚强，必先图国民体力之发达”[2]的思想，并论证了强种与国力的关系。鸦片战争后，列强入侵，内政软弱，中国国势衰微，一些社会精英意识到要想改变国运就得从改变国民自身做起，“强国必须强身，强身必先强体”成为当时的共识。武术是中国传统之技击术，孙中山提倡将武术作为提高国民身体素质和民族自卫的手段，来达到强种保国、救亡图存的目的，体现了其对中华传统文化的重视，彰显了武术强身卫国的价值。

最后，孙中山强调了武术团结人心的作用。他在序文中写道：“精武体育会成立既十年，其成绩甚多，识者称为体魄修养术专门研究之学会，盖以振起从来体育之技击术为务，于强种保国有莫大之关系。”精武体育会自成立以来，始终以传承中华传统文化、提倡尚武精神为己任。精武体育会以武术为纽带，形成一个全民习武的平台，在这个团体之中，学员之间相互交流，共同锻

〔1〕孙文：《精武本纪·序》，载陈铁生编《精武本纪》，1919，第10页。
〔2〕叶孝信主编《中国法制史》，北京大学出版社，1989，第309～310页。

炼。这一社会团体培养了大批优秀学员，为传承中华武术精神、增强国民体质发挥了重要的凝聚人心的作用。

在孙中山等社会名流的支持下，精武体育会声誉渐隆。

（二）推动了武术运动科学化

精武体育会倡导消除门户之见，排除武术迷信色彩。精武体育会集合了各门各派的武术精华，共冶一炉。如黄河流域少林拳赵连和、张富猷、霍元卿，螳螂派罗刚玉，长江流域醉拳陈维贤、孙赞轩和双枪孙玉峰，珠江流域莫家，闻名华北的鹰爪派大师陈子正等。各家各派精诚团结，互相学习，取长补短。这一点，在当时是难能可贵的。

（三）促进了武术与近代体育的积极融合

精武体育会对体育有着深刻的认识，其会训中说："世界以人类为本，人类以身体为基……身体者载知之器官也，智识者进德之津梁也。修德必先益智，所以明是非，辨善恶；求知必先强身，所以精思考，显技能。夫健全之精神寓于健全之体魄，故体要其健，智要其博，德要其重，三育俱备，方克有为……"精武体育会学员分初级、中级、高级三个班。初级班学制两年，要学会十种基本武术套路。经过测验，合格者给予初级毕业文凭。中级班学制四年、高级班学制六年。

第七节　清末民初武术拳种流派的发展脉络及特征

清末民初是中国武术集大成时期，也是中国武术由个人防卫术向近代体育快速转化的重要时期。梳理清末民初武术流派传承脉络，客观描述与评价其原生态技法特征，对当代传统武术保护、传承与发展具有重要意义。

一、清末民初武术的拳种概览

清末民初，民间武术摆脱了军事武艺的束缚反而得到了独立、快速的发展，拳种体系的形成是中国武术发展的重要标志之一。其演变经历了从一招一式简单的攻防动作，到形成独特技法的攻防动作序列，再到形成系统、独特的练功方法与典型徒手、器械套路的完整过程。套路是拳种的载体和呈现形式，拳理与技法是拳种存在的内核，功法是通过训练获得技法的途径。各拳种开宗立派的核心要素是其拳技体系的系统化与规范化。清末各种拳种的形成一方面反映了武术从本质上摆脱了原始的攻防格斗技能和军事武艺，形成了有别于世界上其他任何一种格斗技术的文化形态[1]；但另一方面，正是由于农耕文化的保守性，各拳种流派间鲜有公开的交流，使拳种过于泛滥。既缺少交流的平台，又无规则体系可言，各武术拳种流派在强化技法的同时，未能向近代体育过渡。

---

〔1〕彭芳、吕韶钧、孙富强：《武术拳种的理论阐析》，《北京体育大学学报》2009 年第 9 期。

二、清末民初武术的主要拳种源流

（一）少林拳

清末民初，民间群体自发结社习武，反抗统治阶级压迫和外族侵略。其中，不少组织都练习少林拳，同时也有许多习武群体将所习武艺归为少林。少林寺已由“拳勇名天下”发展为“天下武功出少林”，“夫今之武艺，天下莫不让少林焉”〔1〕。这也带来了一个问题——如何将“源流有序、拳理明晰、风格独特、自成体系”的少林武术与牵强附会为少林武术的拳术加以甄别，少林拳与少林门派究竟是什么关系？少林以棍为武艺先，程宗猷在《少林棍法阐宗》中写道：“或问曰：棍尚少林，今寺僧多攻拳而不攻棍，何也？余曰：少林棍名夜叉，乃紧那罗王之圣传，至今称无上菩提矣。而拳犹未盛行海内，今专攻于拳者，欲使与棍同登彼岸也。”〔2〕可见，少林拳法较少林棍法成熟得晚一些。枪棍与拳法的运用场所极为不同：枪的杀伤力较大，更多运用于冷兵器时代的军阵；棍术杀伤力较枪小，既可用于军阵，又可广泛用于民间；而拳法则完全是民间防卫所用。

因此，少林拳法的逐步成熟是少林武术成熟的标志。《拳经拳法备要》（以下简称《拳经》）是较全面阐释少林武术拳法技法训练的拳诀。据唐豪、江百龙等多位专家考证，《拳经》的最初撰写者是张孔昭之徒，曹焕斗的“高伯祖”，并据此考证《拳经》初稿当撰写于清初顺治或康熙初年〔3〕。周伟良认为，后人所见

〔1〕（明）郑若曾著，傅正、宋泽宇、李朝云点校：《江南经略》（精装版），黄山书社，2017，第 595 页。
〔2〕程宗猷编著《少林棍法阐宗》，山西科学技术出版社，2006，第 120 页。
〔3〕江百龙：《明清武术古籍拳学论析》，人民体育出版社，2008，第 132 页。

到的《拳经拳法备要》一书，实际是合张鸣鹗、张孔昭和曹焕斗三人之作而成之。[1]其后的研究认为，张孔昭、张横秋与张鸣鹗实为一人。[2]全书包括引论、少林拳谱、张孔昭练拳手法秘要、拳技图谱。其核心内容为少林寺实用单招单式的短打技法与理论体系，并无任何关于少林拳典型套路的阐释。清代中叶，少林武术已具有较完备的套路演练。道光八年（1828）三月，朝廷官员完颜麟庆祭祀嵩山时曾住少林寺。事后，他在《鸿雪因缘图记》中记述了那天观看“少林校拳”的情况。开始完颜麟庆询问少林拳法时，寺僧“讳言不解”，后“谕以少林拳勇自昔有闻，只在谨守清规，保护名山，正不必打诳语”，方丈才“笑诺，乃选健僧校于殿前，熊经鸟伸，果然矫捷”。[3]

因此，少林拳术的基本形成期就是从清初到清中叶。唐豪对后期流传较广的《少林宗法》和《少林拳术秘诀》两书来源进行研究，并撰写《少林拳术秘诀考》一文，对书中多处假托、伪造进行考据[4]，认为该书成书时间较晚，大约为清末民初，与《拳经》并无传承关系。《少林宗法》中所记录的少林五拳也大抵是清末民间拳术附会于少林武术的一部分。[5]

历史上形成的少林武术不是仅指一种拳术，而是少林地方拳种的总和。清末，少林武术分为长拳和短打两类。长拳类以远距离攻击的技法为主，腿法伸展度大，跳跃和跑动多。短打类是以近战技法为主，是用肘、膝、肩等近距离进行攻击的技法。代表

---

〔1〕周伟良编著《中国武术史》，高等教育出版社，2003，第 103 页。
〔2〕魏真、周伟良：《论明清少林武术文献》，《中华武术（研究）》2018 年第 4 期。
〔3〕林伯源：《中国武术史》，北京体育大学出版社，1994，第 356 页。
〔4〕释永信主编《民国国术期刊文献集成》第 4 卷，中国书店，2008，第 64 页。
〔5〕江百龙：《明清武术古籍拳学论析》，人民体育出版社，2008，第 196 页。

性的套路有小洪拳、大洪拳、老洪拳、少林长拳、少林五战拳（大战拳、脱战拳、短战拳、十字战拳、合战拳）、北派太祖拳、梅花桩、北派罗汉拳、六合拳、炮拳、文短打、六路短拳、六通短打和螳螂拳中的小虎燕等几十种。少林拳的技法重实用，没有多少花架子，动作朴实，招式多变，无论长拳还是短打，其动作讲究“拳打一条线”，套路的起止进退全在一条直线上。

各种形式的功法练习是少林武术的一大特色，这些以提高功夫水平为目的的各种练功方法大大地丰富了少林武术的内涵。清末民初，这种独具特色的少林功法体系已经形成。据金恩忠所著《少林七十二艺练法摘要》，少林功法包括一指金刚法、金钟罩、一指禅功、铁头功、铁布衫功、排打功、铁扫帚功、鹰爪功、罗汉功、铁砂掌、铁臂功、轻身术等。

（二）八卦掌

清后期董海川[1]对八卦掌在京冀的传播与发展起到了主要作用。董海川所传弟子很多，单就1883年碑文[2]中所见弟子就有五十六人之多。其中又以尹福、马维祺、史计栋、程廷华、宋长荣、梁振圃、刘凤春为杰出代表。其后，他们将八卦掌发展出以自己的姓氏为代称的八卦掌流派，但都以八掌为基本套路，即单换掌、双换掌、顺势掌、背身掌、翻身掌、转身掌、磨身掌、回身掌，以乾、兑、坤、离、巽、震、艮、坎八卦代表八个方位，沿圈走转、势势相连为拳种的技法特征。

---

〔1〕董海川，1796—1880，生于河北文安朱家坞。

〔2〕董海川墓碑原立在北京东直门外小牛坊村红桥大道旁（即现在的柳芳南里小区西北处）。立碑时间是光绪九年（1883），即董海川去世的第二年。

尹福，字德安，河北漳淮人。幼年即到北京谋生，先学花拳，后学八卦掌，在肃王府教皇亲贵族习武。他以牛舌掌见长，所传弟子包括尹玉章（尹福之子）、崔振东、马贵、门宝珍、宫宝田等。

程廷华，人称“眼镜程”，河北程家村人，以在北京崇文门外开眼镜店为生。程廷华从小习摔跤，跤术高超，后入董海川门下，精研八卦掌多年，尽得真传，成就较高，并以龙爪掌见长。1900年，八国联军入侵北京，到处烧杀抢掠。程廷华怒不可遏，多次与外寇发生冲突，并击死外寇颇多。一日在北京东珠市口与德国兵众相遇，被德军以火器击伤，因流血不止即日离世。在董门弟子中，以程廷华所习八卦掌最为接近董海川。程氏八卦掌演练起来舒展大方，轻灵平稳，掌如拧绳，行似游龙，回转如猿，换势似鹰。以八掌为基，每掌又有八掌，共六十四掌。其基础八掌为猛虎出山、大鹏展翅、狮子张口、白猿献果、怀中抱月、黑熊探背、指天画地、青龙探爪。其传人有李文彪、周玉祥、程有龙（程廷华之长子，又名程海廷，幼名大海）、程有功（又名程湘亭，程廷华之侄）、程有信（又名程寿亭，幼名二海，程廷华之次子）、高艺生、张魁、孙禄堂、冯俊义、张玉魁、阚龄峰等。

史计栋，又名史六、史振邦，河北小寨人，在北京东城开义和木场，是董海川的干女婿。入董门之前擅长技击、精通腿法。在史计栋的碑文中有：“董老而衣食之需，胥由君供给，则为之营葬地，并为其棺椁衣食之费。”因其武勇缉贼有功，被赏“六品功牌”。史氏八卦掌的特点：以圈为桩，上静下动，以练气，明手暗脚，刚柔相济，静如泰山，动若惊鸿，行若游龙，转身若猴，虎坐鹰翻，螺旋劲层出不穷，圈中圈变化多端。[1] 史计栋创出七十二截腿、六十四暗脚等腿法。演练的步法有大摆扣、小摆扣之别，强调“出手不见手，出腿不见腿”。其传人有张善廷、韩福顺、孙四、吴俊山、赵长锁等。

除了上述流派，八卦掌的流派还有张占魁的形意八卦掌、黄柏年所编龙行八卦掌、吴俊山所创吴氏八卦掌等，此不赘述。

（三）太极拳

清末民初，武术的健身强体功能得到长足发展。学者的参与加快了太极拳理论的成熟。在王宗岳、武禹襄、李亦畲、陈鑫等多位太极拳名家的努力下，太极拳运动在民国初年得到前所未有的发展和完善。流传至今的陈、杨、吴、武、孙五大流派太极拳已经基本成型。

清末民初太极拳在北京广为流传。

陈长兴的曾孙陈发科于 1928 年在北京传拳，陈式太极拳逐步为社会所认知。陈发科武艺精湛，其特点是避实击虚、一触即发，其拳势顺应对手变化而变化，讲究以意行气、劲由内换、不丢不顶、八面支撑、人不知我我独知人。

经过河北永年人杨露禅改造后的太极拳，去除了蹿、蹦、跳跃等高难度的动作，柔和易练，逐渐形成了杨式太极拳体系，得到社会的广泛认可。其后又经其子杨班侯、杨健侯修改，杨氏太极拳形成中架风格。传至其孙杨澄甫，才改编成目前流行的杨式太极拳。其特点是：拳架舒展，动作和顺，姿势美观大方，要求

---

〔1〕赵双印：《清代武术史》，河北人民出版社，2005，第 96 页。

绵里藏针。杨澄甫著有《太极拳使用法》《太极拳体用全书》，曾在北京、广州、杭州、上海等地收徒传拳，是杨式太极拳的一代宗师。

杨露禅在清王宫教拳时，有满族人全佑从学。杨露禅去世后，全佑又从学于杨班侯。全佑传其子鉴泉，后来鉴泉从汉姓吴。吴鉴泉拳架以柔化著称，推手时守静而不妄动，形成了松静自然、架式大小适中、柔和紧凑、缓慢连绵、不纵不跳、斜中求直、长于柔化的吴式太极拳风格。吴鉴泉于民国元年（1912），在北京体育研究社教授太极拳，后又在上海开办武校培养学生，广泛推广以柔化见长的吴式太极拳。

河北广平人武禹襄创造了武式太极拳，后经李亦畬进一步完善，武式太极拳最终定型。李亦畬是武禹襄的外甥，同为书香世家，倾毕生精力钻研拳技，著有《十字诀》。李亦畬又将武式太极拳传给同为河北永年人的郝为真。郝为真体貌魁伟，敦厚强毅，深嗜武技，勤学苦练六载，终有成就。武式太极拳在动作形态上有独到之处，在拳套编排结构上类似杨式和陈式，但动作形态高度抽象概括，仅以“起、承、开、合”甚至“开合”二字概括所有技法，强调开合虚实，以架式紧凑，左右手各管半边，不相逾越，手不过足尖而独树一帜。

孙式太极拳由孙禄堂（图 1–5）所创。孙禄堂早年拜郭云深为师学习形意拳，后又随程廷华学习八卦掌，在学太极拳之前，孙禄堂已经声名鹊起。1912 年，孙禄堂在北京遇武式太极拳名家郝为真。郝为真将自己所习太极拳心得传于孙禄堂。1918 年，孙禄堂将太极拳、形意拳、八卦掌三家合冶一炉，融会贯通，革

图 1-5　孙禄堂像

故鼎新，创编了动作小巧轻灵、架高步活、柔缓圆活、转换轻盈、运动方向变化多样、步法进退相随、运转开合相接的太极拳新套路，自成一家，人称“孙式太极拳”。与同时代许多实战功夫家不同，孙禄堂文武兼修，文采很好，曾先后撰写了《太极拳学》《形意拳学》《八卦掌学》《拳意述真》《八卦剑学》等重要著作，这在同时代习武群体中是少见的。因此，其影响力也与日俱增。

除了上述流派，太极拳的流派还有和兆元创编的和式太极拳、陈清平的弟子李景延创编的忽雷架太极拳、李瑞东所创李式太极拳等，此不赘述。

清末民初，太极拳已经形成了以陈、杨、吴、武、孙五种太极拳流派为代表的太极拳体系。它既包括不同流派的典型套路和功法，又有完备而成熟的理论支撑和以推手为核心的提高触觉与全身灵敏性的训练体系。同时，太极拳运动将意念训练和呼吸吐纳融入每一个动作中，使意念、呼吸和动作高度协调配合，极大地提升了其健身养生的价值。

（四）心意拳

心意拳又名形意拳、心意六合拳[1]或六合拳等。心意拳的传承脉络较其他拳种清晰，创始人为山西蒲州（今永济市）尊村人姬际可。姬际可有少林寺十年习武的经历，其创拳过程也有不少假托和传闻故事，在此不赘述。随着心意拳在不同地区的传播，清末时已经形成了河南心意拳、山西心意拳和河北形意拳三支具有影响力的流派。

河南心意拳由河南洛阳回族人马学礼老年返回家乡后在同族中传授，从学者甚多，著名者有张志诚、马兴、马三元等。清末，马兴的主要传承人刘万义一支和张志诚的主要传承人买壮图一支将河南心意拳发扬光大。河南心意拳以单把、十字把、四把捶为代表，没有十大形，每一把的同时练就丹田功，狠毒快利，注重实战。河南心意六合拳传授，择徒很严，发展比较慢，较好地保持了心意拳原有的风貌。在内要求“心与意合，意与气合，气与力合”，在外要求“手与足合，肘与膝合，肩与胯合”。一举一动要做到全神贯注、意念集中，劲力裹含，蓄而后发，发力要有火烧身的灵劲与爆发力。身形六势要求：一身呈六势，鸡腿、龙腰、熊膀、鹰捉、虎抱头、雷声，六势合一。一身含五劲，踩、扑、裹、束、决，五劲合一。

---

〔1〕在心意拳中有六合之说：内三合，心与意合、意与气合、气与力合；外三合，手与足合、肘与膝合、肩与胯合。故心意拳又称为心意六合拳。

山西心意拳以曹继武之后的戴隆邦、戴二闾、戴良栋、戴奎为代表传承人。戴隆邦父子及其传人，本着宁肯失传也不滥传的宗旨，传授范围极小。早期只限戴氏直系亲属，后来稍微扩大到同族同姓人，但为数很少，祁县人常说："只闻戴家拳打人，不见戴家人练拳。"戴家高宅深院，习拳避开公共场所，且家境富裕，不须以教拳为生。并且，戴氏在传拳时，对部分弟子仅传形意拳和少量会意拳，故戴氏之后，世人皆知有形意拳，而鲜闻心意拳。

在历史上，山西戴式心意拳由于受戴氏家族"只传戴姓，不传外家"的"家训"的影响和制约，保持了古朴的拳术风貌。戴式心意拳主要以劈、钻、崩、炮、横五形拳，龙、虎、猴、马、蛇、鸡、燕、鹞、鹰、熊十形拳，乌牛摆头、狸猫上树、饿狗扑食、野马践槽、灵蛇拔草、金鱼抖鳞、鹞子穿林七小形，裹、践、钻三拳，崩、背、炮三棍，养、坐、开、闸、砸、竖、射七步丹田功，一至五趟螳螂闸势捶，挑顶、云领、展截、裹胯四把，蹲猴势桩、浑元桩，三才桩、两仪桩、童子功等功、技、法、式为其拳法的传承载体。

河北形意拳代表人物是河北窦王庄村人李洛能。他根据心意拳"心意诚于中，肢体形于外"的基本理论将心意拳改为形意拳；修订了十二形拳，并在桩功和步法上做了重大修改，将心意拳的子午桩改为三体式桩功；将心意拳的弓步改为坐银剪步，后改称形意半马步，这一改革克服了原拳法中步大不灵的弱点。同治五年（1866），他创编了第一套形意拳对练套路——五行生克拳。其后，又创编杂式捶、安身炮等。

清末，心意拳发展为形意拳，并在山西、河南、河北得到广泛的传播，名家辈出，如山西车毅斋、宋世荣，河北刘奇兰、郭云深等。河北形意拳刘奇兰的著名弟子有李存义、耿继善、张占魁、王福元、周明泰、刘凤春、田静杰等。在河北形意拳的发展中，李存义（图 1–6）是有功之人，为了完善河北形意拳，李存义曾专赴山西学习十二形拳，其后还研究了杂式捶、八式拳和形意剑、棍。形意拳同门共推李存义为第六代领袖。李存义的主要传人有尚云祥、郝恩光、田鸿业、李彩亭、李文亭、李跃亭、黄柏年、马玉堂等。

图 1–6 李存义像

经过几代人的努力，至清末民初，形意拳已发展为包括五行拳、十二形拳、单练套路、对练套路和器械练习的主要拳种。五行拳，包括劈、蹦、钻、炮、横五拳；十二形拳，基本拳法包括龙、虎、猴、马、鸡、鹞、燕、蛇、鼍、骀、鹰、熊；单练套路有五行连环、杂式捶、八式拳、四把拳、十二洪捶、出入洞、五行相生、龙虎斗、八字功、上中下八手；对练套路有三手炮、五花炮、安身炮、九套环；器械练习以刀、枪、剑、棍为主，多以三合、六合、连环、三才等命名。

（五）查拳

查拳是由回族武术家查密尔（尚义）所创，是回民传统拳术五大流派之一。从目前的史料来看，查拳起源于山东省冠县张尹庄，时间约为戚继光抗倭之后。清中叶，查拳的著名拳师应首推沙亮。沙亮于雍正四年（1726）中武举人，雍正五年（1727）中武进士，当时人称“飞腿”沙亮。[1]其后查拳主要在山东回族中传播，主要有冠县张式查拳、杨式查拳和任城李式查拳三支。张式查拳以快为特点，拳法上要求缜密；杨式查拳以大为特点，动作幅度很大而显得舒展；李式查拳的动作特点在于势势相连且发力威猛。其中，冠县张式、杨式两派查拳的师承分途约在雍正年间，而任城一派技艺的形成或许更早。清晚期，弹腿既作为查拳的入门基础，又作为训练手段，贯穿整个习武过程。同时，查拳中又融入滑拳的内容，因此又有“查滑不分家”之说。

张式查拳以张其维为代表。张其维（图 1–7），查拳名家，自幼酷爱武术，7 岁从名师张乾学艺，20 岁时查拳、滑拳、炮拳、洪拳、长拳无不精通。尤其是长拳，达到了出神入化的境界。又以铁砂掌闻名鲁西，其功夫“掌如铁，指如钩”，力钻牛腹，一指点在对方身上，莫不指到人倒。善使各类器械。设场授拳，技德并重。马良召他出任武术教练，他无意仕途，谢绝不就，在故

〔1〕范景鹏：《“飞腿”沙亮在查拳传承中的作用》，《体育学刊》2009 年第 2 期。

图 1-7　张其维像

里习武授徒。其弟子包括张英振、张英健、李超群、李建刚、张锡彦、张风岭、常振芳、张锡太、何振全等查拳高手。张英振曾被聘为中央国术馆一级教授，被称为“一代武宗”。常振芳曾于1928年在山东济南举办的全国擂台赛中，经过五天角逐，最终战胜山东省警察总教头谭四获冠军，荣获银盾奖。[1]

张式查拳入门功夫有十路弹腿、十路捣捶和十路滑抄；查拳套路共有十套：头路上手势、二路行手势、三路飞脚势、四路升平势、五路快速势、六路埋伏势、七路梅花势、八路连环势、九路龙摆尾、十路串通势；功法分为三个阶段：站桩活气、打桩增

〔1〕洪军：《查拳宗师常振芳的武魂之道与家国情怀》，《中国穆斯林》2019年第6期。

力、行手练法；器械包括刀、枪、剑、棍、钩、带、橛、镗，被称为“八大件”。

杨式查拳以杨鸿修为代表。杨鸿修自幼师从张进堂、马老维。苦练查拳拳械，素有“大枪杨”“快拳杨”之称。杨鸿修的查拳，舒展大方、势正招圆。1915 年，杨鸿修受聘于山东武术传习所教授查拳、弹腿等，培养出王子平、萧羲之、于振声、王兆林、马金骠、马永魁、马裕甫、何振江、米广亭等著名武术家。同期，他还参编了“中华新武术”丛书。

李式查拳的主要传承人为李恩聚。李恩聚早年曾当过保镖，开过镖局，50 岁时到上海精武体育会任武术教练，晚年回到故乡后继续传拳授艺，主要弟子为李瑞彪、李龙彪、赵德宝、杨茂春等。

李式查拳的基本功为六路捣捶、十路弹腿和十路贯腿，其中十路贯腿为对练，六路捣捶和十路弹腿为单练。六路捣捶分别是“头路直捣、二路纵劈、三路盖捣、四路藏腿、五路坡脚、六路撑踩”〔1〕。

十路弹腿为“头路冲招一条鞭；二路十字奔脚尖；三路盖打夜行式；四路撑杈把路拦；五路架打；六路单展；七路双展；八路回转；九路碰锁；十路剪弹”〔2〕。徒手套路为十路查拳。任城查拳的器械独特，有查刀、查枪、查锴、查棍、查剑、双钩、九节鞭、绳镖、手梢子、双手剑、双剑、大刀、拦马橛等单练器械，也有双刀战枪、空手夺枪等双练器械。

---

〔1〕王经水：《民族和谐交流路径中济宁查拳的调查研究》，硕士学位论文，成都体育学院，2019，第 29 页。
〔2〕赵双印：《清代武术史》，河北人民出版社，2005，第 120 ～ 121 页。

（六）劈挂拳

劈挂拳历史悠久，明代中期就流行于民间。到清代中期，沧州出现两大支劈挂拳：一支以沧州盐山左宝梅为代表，他传授的内容是劈挂拳慢套和青龙拳；另一支以沧州南皮郭大发为代表。郭大发早年在京城当保镖，武功不凡，后为皇宫禁军护卫。他这一支传授的内容是劈挂拳的快套、挂拳等。

沧州盐山劈挂拳从左宝梅传至左华林、潘世奎，历经五代传于黄立文，黄立文晚年收马凤图、马英图兄弟为徒。马凤图、萧麟标、孙振寰为劈挂拳的弘扬与传承做出了巨大贡献。

清末民初，南皮郭大发一支传习的劈挂拳传至赵世奎，赵世奎进入保定军阀曹锟的苗刀连拜刘玉春为师学习苗刀、通臂拳。1914年，沧州人郭长生应招到苗刀连，拜刘玉春为师学习通臂拳、苗刀等。赵世奎遵师嘱将劈挂拳真谛教给郭长生。此外，刘玉春师弟任向荣也热心指点郭长生。由此，郭长生尽得劈挂拳和苗刀真谛，人称“郭燕子”。

（七）螳螂拳

螳螂拳，相传由明末清初山东人王郎所创。清末民初，螳螂拳的传承呈现蓬勃繁荣的景象，其中主要有四大流派，即七星螳螂拳、太极螳螂拳、梅花螳螂拳、六合螳螂拳。这些流派的源流和技术特点在《中华武术通史·第二卷》中已有详细叙述，在此不再赘述。

另外，还有南派螳螂拳，它们是在北派螳螂拳的基础上产生的，如通背拳、摔手螳螂拳、光板螳螂拳和八步螳螂拳，它们大都强调象形取意，重在取意；刚柔并重，强刚极柔，处处带有弹性；长短兼备，上下交替，内外相接，处处保持完整性态势；手法、步法、身法密连而巧妙，稳健而灵活，活中求快，快中求稳，稳中求精。螳螂拳还强调沉肩、垂肘、活腕、拧腰、坐胯、扣膝，拳谚有“腰送客走，胯坐帅府”和“移动靠腿脚，力蓄在裆腰，挡风阻雨两臂摇”之说。其动作要求：眼快、手快、步快、身快、势快，一招变三招，长短兼用，气势逼人，变化莫测；发力时快速突然，松紧结合，富于弹性，刚而不僵，柔而不软，脆而不短，快而不毛。

三、清末民初武术发展的状态与特征

清末民初是武术拳种逐步走向成熟的重要时期，其表现是各主要拳种已经自成体系，具体特征为：第一，具有拳种特色的多套、整套练习形式日趋完善，即起、收式连续并具有一致风格的技击动作、练习技法、动作名称。第二，有其独特的功法体系。功法体系包括热身准备功法，增力、抗击打、耐力、柔韧性等基本功，独特的养生和攻防的功法等。第三，具有单练、对练、拆招、实战的攻防训练体系，强调技击性。

这一时期，中国武术各个拳种流派的理论也相较从前有很大进步，尤其是出现以传统文化符号命名的拳种，如太极拳、八卦掌、形意五行拳等。这些拳术与传统文化理论结合，使武术上升为体现中华传统文化的身体文化。武术的文化哲学思想业已出现，具体表现为以“天人合一”的中国传统思想，完善了武术的整体观。

武技与气功相互交融是清末民初武术的又一大特征。几乎所有的武术流派都注重运用内功的方法来增强运气、用气的能力。[1]上述两个方面说明，中华传统武术已经发展到了技击技术和技击理论上的成熟阶段，这为其随后全面迎接西方体育文化的挑战奠定了坚实基础。

受到西方体育文化的影响，武术已经出现与近代体育全面融合的迹象。一些社会武术组织在开展武术教学的同时也引入部分近代体育项目。但整体而言，由于文化环境不同，武术与近代体育之间的矛盾与冲突越发凸显。由于西方文化居于强势地位，中国武术不得不被动适应。

---

〔1〕王经水：《民族和谐交流路径中济宁查拳的调查研究》，硕士学位论文，成都体育学院，2019，第29页。

第二章

民国初年武术的勃兴

清末“新政”并未挽回清王朝的颓势，辛亥革命爆发。1911年10月10日，武昌起义爆发；1912年1月1日，中华民国临时政府成立；1912年2月12日，清宣统皇帝退位，统治了中国近300年的清王朝正式宣告终结，延续了2,000多年的封建帝制也宣告灭亡。

在“西学东渐”的影响下，西方思潮成为中国社会变革的动力。全面向西方学习成为这一时期知识精英的主要任务。在军国民主义和西方教育思潮的合力作用下，武术由旧时军事武艺向近代体育快速转型。这一时期的武术面对东西方文化差异带来的冲突与对抗，在军事和教育两个领域都有了新的发展。

第一节 西式教育的兴起和武术进入学校

一、传统教育的兴衰

据历史资料记载，原始社会末期，中国有了学校的萌芽。在出现“成均”“庠”这些原始教育机构的同时，也伴随出现了专管教育的行政官员。

在奴隶社会，统治者为了维护自己的利益，建立了一种奴隶制的学校来培养接班人。西周的教育机构主要分为官学和乡学两种类型。到了春秋战国时期，以“儒、墨、道、法”为主的教育思想体系已经形成。秦朝完成统一后，采取“挟书令”“禁私学，以吏为师”的教育政策。到了汉代，汉武帝听取董仲舒的建议下令“罢黜百家、独尊儒术”，设“太学”，开启了中国古代的官学学制。魏晋南北朝时期，由于长期战乱，官学教育受到很大的影响，但是在教育制度上出现了“国子学”“律学”和“医学”的教育。

隋唐时期是封建教育制度不断发展和完善的时期。隋朝创立了科举考试制度。在隋朝教育体制的基础上，唐朝建立了从中央到地方的封建官学教育体制，具有严格的等级阶层划分。宋朝的教育制度仍然以中央官学和地方官学为主，教学分科上出现了武学和画学，并依据考试成绩升级毕业，学校制度不断完善发展。但随着封建专制制度问题的逐渐暴露，官学教育的弊病也慢慢显现，于是书院和私学开始发展起来。

近代半殖民地半封建社会，中国还是沿用传统的官学教育制度。为适应社会的发展和维护统治，清政府创办了洋务学堂（包括外语学堂、军事学堂和科技学堂），颁布《钦定学堂章程》（又称“壬寅学制”）。但由于《钦定学堂章程》出台颇为仓促，在实施后出现了大量问题，随后张百熙、荣庆、张之洞重新制定了《奏定学堂章程》（又称“癸卯学制”）。其中，洋务学堂主要是吸收西方国家的近代科学技术，结合中国当时特殊的政治背景进行教学，主要目的是培养洋务人才。洋务学堂的兴办成为中国近代新式教育的开端，传统教育制度退出历史舞台。

二、民国初期的教育制度

中华民国成立后，当时的政治、经济、文化和教育等发生了巨大变化。为了适应当时社会的发展，教育部部长蔡元培以构建“三民主义”教育体系和民主教育体系为目标，开始对教育制度进行改革。他主张废除“忠君”“尊孔”的教育内容，增加西方的“美育”教育，以日本学制为蓝本制定新的教育制度。1913年“壬子癸丑学制”的颁布，成为资产阶级学校教育系统的开端。

“壬子癸丑学制”施行后仍然存在很多问题。一些学者撰文对此学制运行中出现的问题发表看法，认为“壬子癸丑学制”盲目学习日本，缺乏变通，不适合中国国情，同时还对体操、地理等课程提出了调整建议。受世界政治局势和美国实用主义教育思想的影响，1919年在教育部组织的教育调查会上，蔡元培和陈宝泉等人提出了“养成健全人格，发展共和精神”[1]的中华民国教育发展目标，极大地推进了教育的发展。1922年11月实行新的“壬戌学制”（又称“新学制”），此学制主要效仿美国学制，以“适应社会进化”“主张各项发展”等七项标准为指导思想。“壬戌学制”的颁布成为中国教育制度历史上的里程碑。

三、西方教育思想在中国的传播

传统教育思想在中国近代社会遭遇的危机，为西方教育思想在中国的引进和传播提供了可能。清末民初，一些传教士就已经开始在中国传播西方的科学技术知识和教育知识。如《童幼教育》

---

〔1〕吴遵民等：《基础教育公平论——中国基础教育公平与均衡发展的政策研究》，上海教育出版社，2014，第12页。

《西学凡》《职方外纪》等介绍了西方国家有关人格教育和学校教育的情况[1]，让人们看到了在学制、课程设置等方面不同于中国传统教育的西方新式教育，并为中国近代教育的改革打下了基础。

（一）西方自然主义教育思想在中国的传播

近代，大量的西方教育思想通过日本传入中国。其中以卢梭为代表的自然主义教育思想家受到了一些中国教育者的关注。

自然主义教育思想起源于古希腊的亚里士多德，形成于文艺复兴时期，18 世纪时达到顶峰。以“人文主义”为中心的文艺复兴运动，深刻地影响了当时一些教育思想家，他们开始将自然与人的教育联系起来，在教育中注重人的自然成长。亚里士多德认为，教育应该遵循事物运动的自然法则和人的天性，教育要适应人的发展，培养人的德、智、体的和谐发展。受亚里士多德的影响，捷克教育学家夸美纽斯在《大教学论》中全面系统地阐释了自然主义教育思想，强调教育要适应自然的法则。卢梭认为“自然”根本的内涵是人，也就是儿童本身，是儿童“内在的自然”以及发展的自然进程；人类生而一无所有，所以需要外界的帮助；人类生来是愚昧的，所以需要判断的能力，以避免走入歪门邪道。他认为，人类在成人时所需的物资全由教育给予。卢梭十分重视“人的天性”“个人本位”，他坚持认为自然教育是人本化的教育，这种教育能够真正发现孩子自然天性的价值，着力强调儿童

[1] 杨齐福：《西方教育思想东渐与近代教育观的生成》，《淮阴师范学院学报》（哲学社会科学版）1999 年第 4 期。

应该在教育中占本体地位，开创教育科学人本化的先河。[1]在卢梭看来，每个人必然要从三个方面接受教育以实现培育自身的目的：或是受之于自然，或是受之于人，或是受之于事物。卢梭形成了包含自然的教育、人为的教育和事物的教育三个层次的教育观点，这三种教育相互影响，协调发展。如果这三种教育产生冲突，学生接受的教育就会极差，且会生活不愉悦；当这三种教育达到一致时，学生就会茁壮成长，生活就会有动力。[2]

王国维在《教育世界》上刊文介绍了卢梭的自然主义教育思想及其代表作《爱弥儿》，开启了研究卢梭自然主义教育思想的先河。随着新文化运动的开启，自然主义教育思想的研究不断深入。在自然主义教育思想的影响下，人们逐渐摆脱传统教育观念的束缚，近代教育观也日渐生成。在自然主义教育思想的影响下，体育教育的思想也开始出现自然化的倾向。1923 年颁布的《新学制课程标准纲要》把“体操科”改为“体育科”，规定中小学校一律废除兵操，开展田径、球类、游泳等竞技运动项目。这标志着自然主义教育思想在中国学校体育领域得到全面推广与实施。1927 年后，国民政府与美国政府的关系日益紧密，学校体育受自然主义教育思想的影响更大。特别是当时许多留美学生回国，通过教育教学、著书立说等活动，使自然主义教育思想在中国学校体育界广泛传播。[3]

〔1〕周会：《谈近代西方自然教育思想》，《吉林省教育学院学报》（上旬刊）2015 年第 5 期。
〔2〕胡君进：《透明与幽暗：爱弥儿与卢梭混合意象的教育学阐释》，《教育学报》2020 年第 2 期。
〔3〕刘玲：《从自然主义到体质健康教育——徐英超体育教育思想评析》，《北京体育大学学报》2019 年第 5 期。

（二）西方实用主义教育思想在中国的传播

实用主义是产生于19世纪70年代的现代哲学派别，在20世纪的美国及其他西方国家成为十分重要的思潮。当时美国出现了大量移民，人口的增长促进了工业和科技的进步，同时也对人才培养提出了更高的要求。为了适应当时的社会变革，世界级教育大师杜威创立了实用主义教育理论，对传统教育进行了全面批判与革新。实用主义教育理论不仅影响着当时的国际社会，而且对当今教育界仍有深远而广泛的影响。

民国时期，随着西方思想的大量涌入，实用主义教育思想迅速在中国传播。1919年杜威受邀来华访问期间，做了有关实用主义教育理论的演讲，在中国掀起了学习实用主义教育理论的热潮。杜威的实用主义教育理论主要包括“教育即生活”“学校即社会”“从做中学”三大原则。在新文化运动之后的几年里，杜威的许多教育著作被翻译为中文，受到中国民众的喜爱。中国的一些知识分子成为实用主义教育理论的倡导者和支持者，如张謇、胡适、陶行知、郝更生、蒋梦麟等。〔1〕胡适留学归国之后，积极主动地传播杜威的实用主义哲学，同时还宣传推介詹姆斯、皮尔斯等人的实用主义哲学，他也因此成为我国第一个系统全面地传播实用主义哲学的学者。在借鉴西方实用主义哲学的基础上，胡适提出了“大胆假设、小心求证”〔2〕的观点，这表明胡适并不是简单地照搬西方实用主义哲学，而是在借鉴西方实用主义哲学之后将其运用到自己的科学研究之中〔3〕。

---

〔1〕崔乐泉：《百年中国体育思想的演进及其特征》，《成都体育学院学报》2020年第1期。
〔2〕胡适、季羡林：《胡适全集》第1卷，安徽教育出版社，2019，第363页。
〔3〕覃亢节：《民国时期实用体育思想的演变及影响》，《山西档案》2016年第6期。

此时，实用主义教育理论也在学校体育课程体制的改革中出现。杜威认为中国要提倡的，不是兵式体操，而是公共体育运动[1]。他认为，体育能够使人民进步，提倡多设置公共体育场、公园、公共体育设施等，这样不仅能够增进国民的健康，强健体魄，同时也能够交流信息、培养新国民精神。[2]实用主义教育理论从根本上否定了军国民主义教育思想，并且使体育作为教育的重要组成部分在学校中的地位逐步得以确立，同时也使国人开始理性思考东西方体育文化的异同和价值。无论在理论上还是在实践中，实用主义教育理论对中国近代体育的科学化发展，都有一定的推动作用。

四、武术进入新学堂

中国传统教育制度的衰败和西方自然主义教育思想、实用主义教育思想的传入加快了近代中国教育的改革步伐。实用主义教育思想进一步促进了当时学校体育的发展，“发展个人之本性和人格”成为当时学校体育的主要目标。国家开始有组织地指导体育活动的开展，形成了丰富的自由活泼的身体活动形式，体育的健身作用开始凸显。此时，而立之年的许禹生任教育部专科系主事，丰富的习武经历为其将武术纳入学校教育提供了直接经验。

在教育界有识之士的共同努力下，“强种保国，增强体质”成为当时体育教育的主要目标。新的教育改革和民众对强健身体的重新认知，对武术的发展产生了重要的影响，“流弊滋多，所

〔1〕徐志军：《杜威体育思想分析》，《体育文化导刊》2010 年第 5 期。
〔2〕刘远见、包呼格吉乐图：《杜威体育教育思想研究》，《当代体育科技》2019 年第 9 期。

习硬弓、刀、石及马、步射，皆与兵事无涉，施之今日，亦无所用”成为废除武举制的重要理由。武举制废除后，民间、军旅和学堂中的武术教育受到一定程度的挤压。尚武精神与军国民主义教育思想的一致性，使得习武成为军国民主义教育的核心〔1〕。1911 年中央教育会会议上通过的《请定军国民教育主义案》强调，各种学堂一律将体操列为主课，兵式体操已经成为学校体育教育的主要内容，这也促使国内学者对在学校增设武术课程进行努力和思考。徐傅霖认为：“我国固有之武术及武器术于锻炼身心上颇有价值，苟有适当之教员设备时间及教材，则宜于时间外加课。”〔2〕徐一冰认为，中国武术是“最高尚”“最古、最良”的体操术，建议将武术添入体操科内，“以修养勇健之体格”。〔3〕在这些学者的呼吁和争取下，1915 年在全国教育会联合会第一次会议上，北京体育研究社委托北京教育会代为提出《拟请提倡中国旧有武术列为学校必修科案》。这个议案分析了体操在教育中的弊端，并以中国武术“振起国民勇往直前之气”为目标，建议学校采用“开设武术课程，增加武术师资，编写教材”等措施，推广和发展武术，中国武术从此以“合法身份”进入学校体育课程。

---

〔1〕刘帅兵：《民国时期体育议决案对武术教育发展的影响》，《体育科学》2017 年第 10 期。
〔2〕徐傅霖编《共和国教科书 普通体操》，商务印书馆，1914，第 352 页。
〔3〕国家体委体育文史工作委员会、全国体总文史资料编审委员会编《中国近代体育文选 体育史料 第 17 辑》，人民体育出版社，1992，第 22 ～ 25 页。

第二节 马良与“中华新武术”

马良创编“中华新武术”是武术向近代体育转化的标志性事件。中国社会经历了中日甲午战争战败、戊戌变法失败、义和团运动失败和废止武举制等一系列大事件，这一系列大事件对武术发展方向的影响尤为深远。“中华新武术”应运而生，随后又渐渐式微。

一、“中华新武术”产生的历史背景

虽然，自鸦片战争失败后，清政府开展洋务运动，试图通过一系列变革来达到强军的目标。但随着中日甲午战争中北洋水师的全军覆没，洋务运动也就此画上了句号，清政府的统治也处在风雨飘摇之中。中日甲午战争也使统治集团认识到，想在战争中获胜绝不是拥有坚船利炮就可以的，拥有意志坚强、能征善战的士兵才更为重要。如何使士兵拥有强健的体魄和敢打敢拼、视死如归的战斗意志成为关注的焦点。

二、“中华新武术”创编的过程

据 1924 年马良所著《保阳马子贞氏振兴武术体育之经过纪略》载，早在担任山西武备学堂教习期间，他就在军队中教授自己创编的“中华新武术”。

（一）“中华新武术”的创始人马良

马良，字子贞，回族，河北清苑人。出身于北洋新军，毕业于天津武备学堂，政治上属北洋军阀皖系。马良自幼受其家训“人无自强不息之恒心，是甘为人下奴隶之性质，遇此等人宜避而远之”的影响，并从学于著名武术家平敬一。马良认为，“我国武术教育实最良之体育，于各种运动原则，皆毫不相背”，但是由于当时政府不重视武德教育，不鼓励民众尚武，而感叹于“致使我国古有之武术，我社会上自然之体育，不克大见昌明”。于是，马良在当时的专制体制下，抱着强国强种的目的，决心考究中国武术，编订武术教科书，以振中华尚武之风。

马良一生大节有污，史上早有定论，本书不予赘述，只研究马良对近代武术的探索和尝试，这对当代的武术发展仍具有重要意义。

（二）“中华新武术”的创编过程

1900年至1901年末，马良在山西陆军学堂任教习时，召集各门派的武术专家，悉心研究，对传统武术进行改革创新，并将他所编的《拳脚科》和《率角科》教授士兵，被当时的陕西巡抚赵次珊命名为“马式体操”，这是“中华新武术”的雏形。随后，马良开始在陆军学堂和保定军营中推广“中华新武术”。

“中华新武术”以传统武术为素材，形式上借鉴了兵式体操的操练特点，分段分解配以口令，体现了循序渐进的教学原则，比较适合团体教学与操练。其后，马良在担任北洋陆军速成学堂教习、常备军第三镇辎重营管带官等军职期间不断改进自己的武术教学。

1905年春，马良在任近畿第六镇正参谋官期间，在军中教授“率角术”。其间，还邀请师出同门的保定当地摔跤名家马庆云、王维翰出任教习。由于训练卓有成效，1907年春，蒋宾臣将马良的“率角术”确定为讲武堂学兵营的体操课程。王维翰因技术出众而出任教习，训练来自北洋各镇协的官兵。马良的“率角术”在军队中逐渐传播开来。

1908年秋，原广州将军、新编陆军第一镇统制凤禹门督练近畿陆军各镇，在校阅第六镇的时候观看了由马良亲自率领的集体表演，称赞不已，认为这应该是军人必学之术，并要求学员马庆云、王振德、沙金才、孟国春分赴各镇担任教习。

1909年以后，马良驻军保定，先后出任第六镇步兵第二十一标标统、炮兵第六标标统等职。在此期间，马良将保定快跤与军中教习的武术相融合，不断培养军中人才，并择优选派至各镇充任教习，其创编的新武术逐渐在北洋军队中形成一定影响力。当时执掌第六镇的吴禄贞对马良非常赏识，令马良编写武术教材，以便在军中推广。吴禄贞是晚清张之洞推荐入日本陆军士官学校学习的留学生，在日本期间学习过以日本武道为基础的各种军事训练，他亲自为马良正在试行的教范定名为《柔术教范》。1911年夏，马良调往山东潍县任陆军第九协统。山东民风尚武，马良在此召集各门派武者，挑选熟谙军事的士兵，在军中组建了武术队，同时在该县商团创立体育社，在各学校进行新武术教育。马良结合新武术前期开展情况重新修订教材，并将教材定名为“中华新武术”。这套教材分四科，首先将吴禄贞所定《柔术教范》恢复为《率角科》，另配补《拳脚科》《棍术科》《剑术科》三种。每科教材包括上下两编，上编为初级教材，下编为高等教材。至此，马良的“中华新武术”体系可以说初步定型。

1914年夏，马良担任陆军四十七旅旅长，兼济南卫戍司令官。为了更好地推广“中华新武术”，马良再次广邀各派武术专家，集思广益，创立武术传习所，专习各种武术教材，随时考究，督饬进行，得到各界的一致称赞，称此教材为“体育最上乘”。次年秋，经余日章联系，由黄任之[1]介绍，邀请尹占魁、于振声到江苏教授武术。毕业后，全体学员均分赴各县任武术教员，大大增强了武术师资力量，为江苏武术的开展打下了基础。

1917年，“中华新武术”被定为军警必学之术。同年，教育部主事许禹生到济南检查各学校学生操练成果，盛称“各科武术为吾国体育所罕见”，并决定“各省各学校，皆仿效练习”，并在北京高等师范学校设体育专修科，学员均由各省考送。同年，在全国中学校长会议上，教育部将“中华新武术”列为全国各中学校正式体操。其后，“中华新武术”被上海市各高等中学以上学校及各专门学校列为正式体操。

1918年春，在全国各专门学校联合会议上，各学校代表一致通过“中华新武术”为全国各专门以上学校正式课程。同年秋，直隶教育会议在天津召开，将“中华新武术”列为各国民学校以上学校正式体操。“中华新武术”四科教材上编全部成书，由商务印书馆出版发行。国会议员夏朴斋、沙月波、王默轩在国会提

〔1〕黄任之即黄炎培，曾任民国政府江苏省教育司长。

建议案，请将“中华新武术”定为全国正式体操，经反复辩论，表决多数通过。

1919年，王书筠、华芷龄、周绍勋等在天津组织设立武术传习所，专习“中华新武术”；唐范在上海组织暑期武术传习所；王志襄与顾石君在北京设立武术传习所。[1]

三、“中华新武术”的主要内容与表现形式

“中华新武术”共分为“棍术”“拳脚”“率角”“剑术”四科。每科教材包括上下两编，上编为初级教材，下编为高等教材。

（一）《棍术科》

《中华新武术·棍术科》的序言对该书的内容有详细介绍：

> 棍术科，分为初级、高等上下两编。上编初级教科，纯系国民普通教育，其学理浅近，简明切要，并解释各法之运用、连贯一气之变化、循环无穷之因应及二人对战或身入重围之群战各法，尽人而能，学习甚易。下编高等教科，系我国数千年棍术秘密之绝技，专演实施制胜、攻击脱险最故最妙各法。均按操典编定口令，分式绘图立说，使学者一见而知大义，入学即有所心得。倘遇危急之时，万不至束手无策矣。

《棍术科》综合各门棍术枪法，分式选择定为十八式。分式

[1] 成都体育学院体育史研究所：《中国近代体育史资料》，四川教育出版社，1988，第15～20页。

各有用法，皆详细分析，绘图立说（图 2–1）。其中语言，但取浅近易明，使学者一目了然，以期便于普及。所定十八式中虽包藏运用之奥妙甚多，于初学者颇易领悟，故定名曰“基本教练”。并将十八式按普通棍术连成一气练习，定名曰“连贯教练”。复于及本教练内拣选能做二人对手者，定名曰“对手教练”。更将不能做对手者与能做对手者连为一气，二人对操，定名曰“连贯对手教练”，上编共有七章，二十一节。[1]

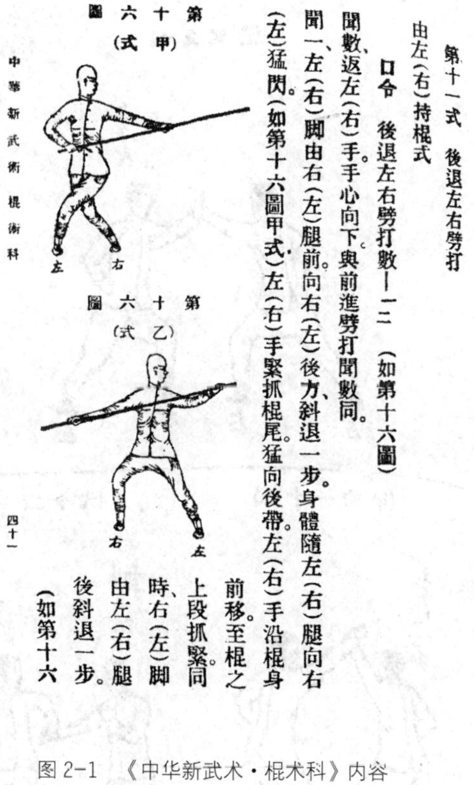
第十一式　後退左右劈打

由左（右）持棍式

口令　後退左右劈打數一—二　（如第十六圖）

聞數、返左（右）手。手心向下。與前進劈打聞數同。

聞一、左（右）脚由右（左）腿前向右（左）後方斜退一步。身體隨左（右）腿向右（左）猛閃。（如第十六圖甲式）左（右）手緊抓棍尾。猛向後帶。左（右）手沿棍身前移。至棍之上段抓緊。同時、右（左）脚由左（右）腿後斜退一步。（如第十六

第十六圖（甲式）

第十六圖（乙式）

中華新武術　棍術科

四十一

图 2–1　《中华新武术・棍术科》内容

[1] 马子贞著，常学刚校点，《中华新武术・棍术科》，山西科学技术出版社，2006，凡例。注：马子贞即马良。

（二）《拳脚科》

《中华新武术·拳脚科》（图 2-2）分为初级、高等两编。初级拳脚科上课有基本单人团体教练、团体基本教练、团体连贯教练，下课有团体对手教练、团体连贯对手教练、节录步兵操及短兵教练。初级拳脚科纯系国民普通体育基本教练，专演活动筋骨，增长体力，解释初级拳脚运用之各方法，主要结合各门柔软运动之法，十蹚踢腿法和各种拳脚之基本操作法。

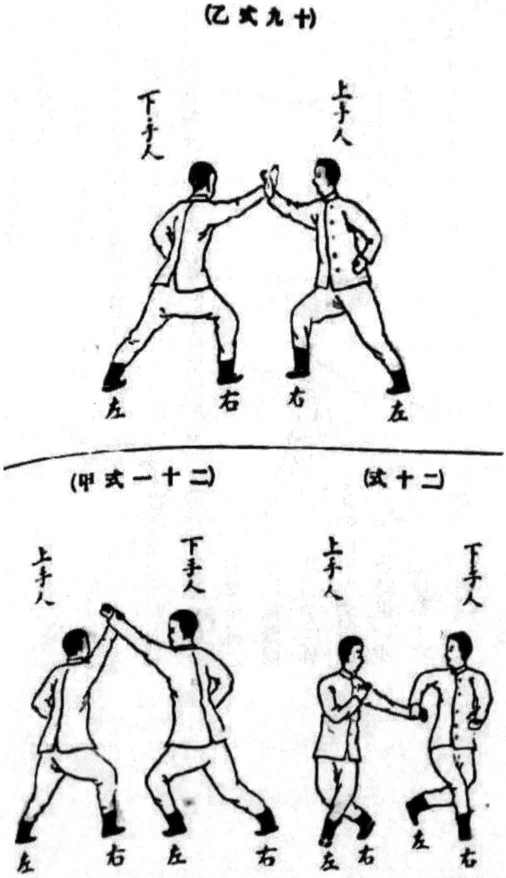

图 2-2 《中华新武术·拳脚科》内容

分式选择共二十四法，并无复式，每式有每式之用法，并详细分析，绘图立说。二十四法均为各门之精华，各法中包藏运用之奥妙甚多，简单易学，所以称之“基本教练”，二十四法按普通拳脚连成一气，定名曰“连贯教练”。在基本教练二十四法中拣选能做二人对手者，定名曰“对手教练”，均可分为四段操作。亦可四段操作纯熟连贯一气操练，团体教练总体不紊乱为合法。要求学员将上课练习练熟，使身体敏捷、四肢有力量后再进行下课练习；上课与下课操作时间均各限于一点半钟，除休息外，恰能完成。未学拳脚科的学员应在学习之前将步兵单人徒手及成排徒手教练练习练熟，才能练习团体教练；每操作之前须练习矮步数十分钟，以轻便身体，活动腿脚。上编共有六章，二十一节。〔1〕

（三）《率角科》

《中华新武术·率角科》分为初级、高等两编。上编初级教科（图2–3）多为进攻各法，下编高等教科则兼攻防、进攻、防御、逆袭各法等一切取胜之道。“率角科”由徒手角力而生。角者竞胜之谓也，直而言之，任意角力取胜于人之意。初级教科主要是二人摔跤的进攻方法与基本练习，为高等教科奠定基础。在初级教科练习中应按照所定章节的顺序学习，以避免摔伤等危险。初级教科主要是为学校、商团、军警团体教练而设。简单便捷，易于操作，第一章至第四章操作时间均限于一点半钟，除休息外均可完成相关招式；第五章为量力操作，不做时间限制。《率角科》学理简单，纯系因人胜人之术，熟一式既可以一式胜人，也可以

〔1〕马良：《中华新武术·拳脚科》，商务印书馆，1930，第3页。

使人有坚忍争胜、不甘人下之心；未学《率角科》时，须将步兵军人徒手练习及成排徒手练习练熟。第一章编入团体分合基本教练，其余成排各种变化之教练见步兵操典。第四章为团体实施教练，皆前行先摔后行，后行再摔前行，所有两人攻击防御动作均按第三章团体教练施行。被摔者落地时须弯腰缩体，站立时要转滚而行，以便速离战胜者。若图再战，禁忌以手伏地，爬起徐行，露萎靡气馁之弊。〔1〕

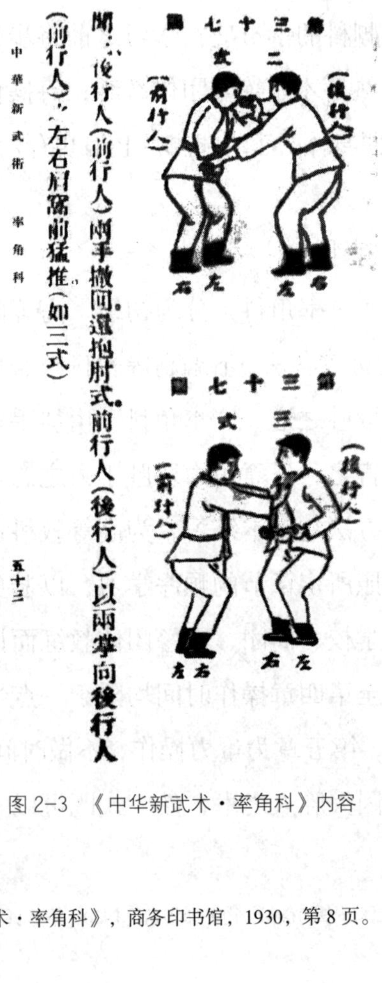

图 2–3 《中华新武术·率角科》内容

〔1〕马良：《中华新武术·率角科》，商务印书馆，1930，第 8 页。

为了进行学校教育，马良对传统摔跤技法做了大量修改。

（1）由于对摔跤的危险性深有了解，在军队中进行摔跤教习时，马良在内容和教法上都进行了实验，逐步降低了危险性。

（2）为了便于学校教学，马良将传统摔跤技法进行了精简，仅保持了传统摔跤技法中的单钩挂、双钩挂、花钩挂、向前合肘、左右合肘、倒地法、高矮速动等基本动作，并创立了前进踢等基本腿法练习，这些练习方法成为现代武术的重要内容。

（3）马良借鉴兵操口令教学、集体练习的方法，把传统摔跤的学习分成了功力基础、技法、手脚身法三个部分，并规定了学习的时间和学习的顺序，使其符合教学的规律。

（四）《剑术科》

马良在《中华新武术·剑术科》序中写道："古者雄冠剑佩，闻鸡起舞，此乃贤士威仪，英雄气概，均具有尚武精神者也。"《中华新武术·剑术科》初级教科所载各法乃剑术运用的基础，高等教科为剑术实施制胜的专门教育。初级教科中，作者在综合历代各门剑术的基础上创编了十八式。每式各有用法，并对各门派剑术要诀进行详细讲解，配以绘图说明，内容浅显易懂，便于普及（图 2–4）。

《中华新武术·剑术科》中，将按照普通剑术连成一气练习，定名曰"连贯教练"；在基本教练动作基础上选取能做对手者，使二人对手操作，称为"对手教练"；将对手教练连为一气，二人对操，称为"对手连贯教练"，并要求对敌多人之法不能作为二人操练之法。连贯教练与对手连贯教练均分为四段操作，每段操作娴熟后再将四段连成一气或两气进行练习，并要求操练中不

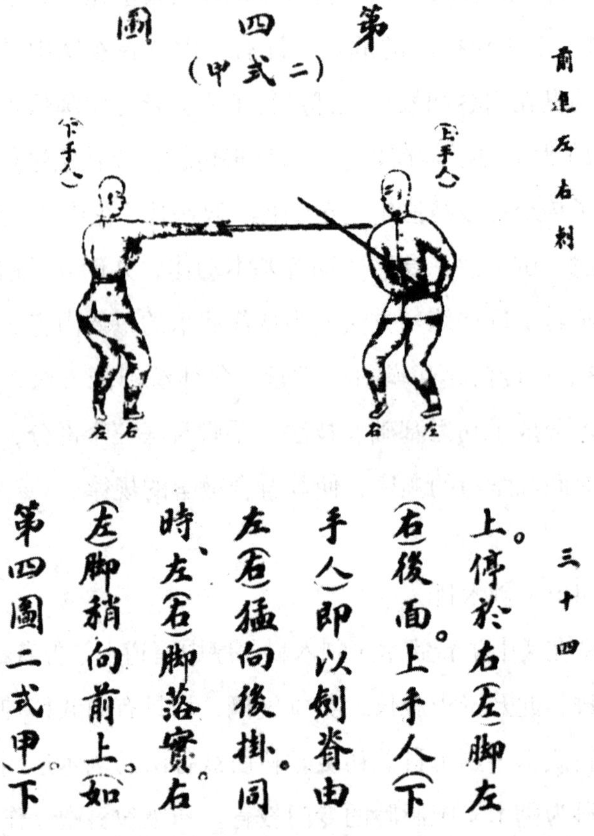

图 2-4 《中华新武术·剑术科》内容

能过于疲惫，以免打乱团体教练。

初级教科共七章，二十三节，上课主要包括基本教练与连贯教练，对手教练与对手连贯教练为下课内容。学员练习应由上课入手，学习剑术的进退、闪转、升降、跳跃动作及各个动作的运用，使身体变得敏捷后，转入下课学习。下课内容为高等教科的基础。

练习熟练后，高等教科的练习将会得心应手，动作应用自如。[1]

第三节 “中华新武术”的影响与衰微

一、“中华新武术”的影响

（一）“中华新武术”促进了武术教学改革

传统武术由于动作结构繁多，以单人演练为主，对于初学者来说存在一定的困难，这影响了武术的传播和发展。“中华新武术”的教学方法具有一定的科学性，强调“国术教学者，依习拳术当然之顺序，按习他种科学的方法排列之，使教授者本之，易于施教，学者遵之，易求进步，庶可底于成功也。即假他种科学的理解说明之也，加以从学多为智识界人士，于他种科学均有素养，自能以此例彼，根寻意味，举一反三，故能事半功倍”[2]。从门派和拳术各异的传统武术中梳理和抽选一般的基本技术动作，化繁为简，在此基础上按照武术的动作原理进行编排，成为新的套路形式。“中华新武术”教材的创编出版，克服了明清时期绝大多数拳师个人钻研技术、其技术与经验往往秘而不传的弊端，改变了以前武术传授只言传身教而不立文字、保守封闭的教学模式，使其转变为开放的团体教学模式，开辟了武术传授和学习的新途径，为武术的传播奠定了良好的理论基础。“中华新武术”教材根据学员个体情况进行分级教学，做到因材施教，大大提升了学员的学习效果和积极性，促进了武术教学方法的改革。

---

〔1〕马良：《中华新武术·剑术科》，商务印书馆，1925，第1页。
〔2〕许禹生：《国术理论（续）》，《体育》（北平）1934年第3期。

“中华新武术”教材的创编使传统的武术教学方法有了较大的改革和创新。在以前，武术的教学多采用个别辅导与单独练习的方法。这种教法难以进行团体教练，更难以进入学校课堂教学。而“中华新武术”教材从风格各异的传统拳械套路中抽选基本动作，再按武术套路的基本原理编排成新的势势相承的练习。“以操变武”，技术动作简单，易于掌握，在自然主义教育思想的影响下，结合学生的兴趣爱好、个体生理特征进行武术教学，其中出现了分组教学、三段式教学等自然主义教育思想的教学方法，打破了已有的“一对一”的武术传习模式，使武术教学步入了团体练习的阶段，形成了多元的武术传承体系，大大提高了学习效率，从而使武术教学法得到了改革和发展。

“中华新武术”教材按照循序渐进的原则，融各武术家的教学思想为一体。基本动作和套路的编排简单实用，从而方便了学校和军队中的教学与训练。它的实用性在当时引起人们的高度重视。1916 年，当时的教育部派专人赴济南考察了“中华新武术”的教学效果，并对摔跤、拳脚两科教材进行了审查，建议把“中华新武术”教材列为武术教学参考用书。1918 年 10 月，教育部将“中华新武术”列为全国各中学正式体操。1919 年秋，国会经过辩论，将“中华新武术”列为全国学校正式体操，并通令全国施行。

（二）“中华新武术”推动了武术竞赛的发展

技击是中国武术的主要特点。中国传统的武术竞技比赛主要以打擂的方式决定胜负。民国初年最为著名的打擂就是四川的“打金章”。其创始人为四川督军熊克武。民国初年，熊克武被任命为四川督军，掌握军政大权。[1]1918年，四川军政当局以“团结尚武、强国强种”为号召，在成都青羊宫花会期间举行首次全省打擂。当时共设三组擂台，第一组擂主为李国超，副擂主为唐伯坍、唐公辅；第二组擂主为余发斋，其子余鼎三为副擂主；第三组擂主为马宝。每组主台三日。比赛结果，公认李国超武技精湛高超。自此以后，除特殊情况外便在每年春季成都青羊宫花会时举行一年一度的打擂。[2]1922年起，还开设了女子打擂和少年组打擂，这在当时还很稀奇。[3]参赛者既有武林人士，也有军队人员，还有社会各阶层民众，无论男女老少，会武术者皆可上台表演。获胜者不仅有证书，还有金章、银章、蓝章，因此，打擂又俗称“打金章”。获得金章者就可以受聘去当教官。

“中华新武术”在军警训练中的应用和推广，也推动了体育竞技比赛规则的变革。1923年4月，马良、唐豪和许禹生等武术名流在上海联合发起“中华全国武术运动会”。马良在开幕发言中指出，举办此次大会的目的，一是为练体魄，二是为壮胆力。“具此二善，一旦用之于战事，是能于枪林弹雨之外，奏出奇制胜之功云”[4]，参赛的有精武体育会、北京体育研究社等20多个单位的400余名选手，有团体、单练、对手三种形式，共有百余个项目。这次武术运动会采用了近代体育竞赛形式，改变了庙

〔1〕龚茂富：《民俗生活中民间武术的权力实践与狂欢精神——基于民国青羊宫花会“打金章”的历史人类学考察》，《成都体育学院学报》2017年第1期。

〔2〕郑光路：《解放前闻名全国的青羊宫武术打擂》，《体育文化导刊》2003年第1期。

〔3〕郑光路：《解放前闻名全国的青羊宫武术打擂》，《体育文化导刊》2003年第1期。注：这是近代第一个有明确记录的女子擂台公开比赛。

〔4〕唐豪、卢伟昌、向恺然、陈铁生：《民国丛书 第4编 47 文化·教育·体育类 国技大观》（下册），上海书店，1923，第11页。

会献技与擂台打擂的传统竞赛形式。在马良的邀请下，诸多摔跤名家，如张凤岩、马蔚然、王子平等参加了大会，他们大多长于武术套路演练，精于摔跤对抗，这使当时仍然以套路演练为主的民间武术界耳目一新。[1]此次比赛是采用西方体操表演竞技形式的一次尝试，是武术独立步入体育运动的前奏，同时对武术进入运动竞赛有着重要的促进作用。

这次中华全国武术运动会是中国近代本土体育发展中最重要的社会活动之一，它不但是对以中国武术为主体的本土体育形式的一次集中展示，而且极大地促进了南北武术界在拳种、理念、组织方法等方面的交流。

（三）“中华新武术”促进了武术从传统向现代的转型

中国武术的发展经历了以武为主、文武并重和重文轻武的时代转型。传统武术受传统文化和当时社会政策的影响，“口传身授”“传内不传外”“绝而不传”“藏而不授”成为基本格调。传统武术传播范围小，传承方式也仅限于以血缘关系为纽带的家族传承和模拟血缘关系的师徒传承。

“中华新武术”的创编和在学校、军队中的大力推广打破了传统武术观念的束缚，为以后武术传承的革新奠定了基础。从武术发展的角度，马良看到了传统武术发展的弊病，多次强调武术不应有门户之见，应该打破武术传播的地域限制，在学校、军队和社团中进行大范围、开放式的普及。1913 年，马良在山东商团资助下建立体育社，开始在当地各学校教授新武术。这也是“中

〔1〕马廉祯：《马良与近代中国武术改良运动》，《回族研究》2012 年第 1 期。

华新武术”第一次从军队走向民间，开始以普通体育教育的形式出现。1914年开办“武术传习所”，专门培养师资。同时还举办大型武术赛事，如中华全国武术运动会，鼓励不同门派进行技艺切磋，同台竞技。“中华新武术”集合了当时武术拳师的武学精髓，体现了聚众人所智、兼容并蓄的特点。

二、“中华新武术”的衰微

（一）西方近代教育思想的冲击

在20世纪初期新旧文化思潮交织下，中国社会形成了空前的文化解放和重构运动。“中华新武术”就是在这种背景下出现的，虽然它对传统武术具有一定的革新意义，但是当时新文化运动的思潮影响着武术的发展，特别是军国民主义教育思想在新文化运动的冲击下开始衰微，军事体操的地位开始动摇。以卢梭为代表的自然主义教育思想和以杜威为代表的实用主义教育思想越来越受到国人的认可，直接导致学校体育开始注重按照学生的成长规律进行教学，进一步培养德、智、体和谐发展的人才，教学内容开始出现大量的近代体育项目，枯燥、单调的军事体操退出历史舞台，这也为“中华新武术”的衰微埋下了伏笔。

（二）各方的抨击和批判

1918年，鲁迅在《新青年》上发表的《随感录》中写道：“把‘九天玄女传与轩辕黄帝，轩辕黄帝传与尼姑’的老方法，改称‘新武术’，又是‘中国式体操’，叫青年人去练习。……据说中国人学了外国体操，不见效验；所以须改习本国式体操（即打拳）才行。……这或者因为中国人生理上与外国人不同的缘故。”[1]1918年11月，陈独秀在《新青年》上刊文道：“济南镇守使马良所提倡的中华新武术，现在居然风行全国。我看他所印教科书（曾经教育部审定）中的图像，简直和义和拳一模一样。”[2]鲁迅、陈独秀真正反对和批判的不是武术本身，而是借助“中华新武术”掀起的复古思潮。

“中华新武术”的创编和教材的出版，在军队和学校中的推广，大大推动了武术的发展理念，使其传播方式向近代体育转变。但是在五四运动之后，“中华新武术”最终难逃昙花一现的命运，逐渐被新旧思想冲击的浪潮所淹没。

（三）“中华新武术”自身的局限

马良深受日本体育的影响，他试图对传统武术进行一系列彻底革新。他抛弃了传统武术庞杂的拳种套路，以技击实用为本，删繁就简，总结出最为基础、简单、实用的动作。练习者按照教学计划安排，按照课程教学顺序，通过整齐划一的队列配合和口令组织，进行由简至繁的单练、对练和对抗性练习。

这种新的教学模式迅速得到武术界的广泛认同，许多社会武术组织前往学习与交流。然而，由于“中华新武术”过于强调简洁实用，与传统武术的内容和形式形成较大反差，远远不能涵盖传统武术的博大精深和拳种的多样性特征，且确实存在对传统武术内容的矫枉过正。因此，人们接受“中华新武术”教学形式的同时，对其内容并非全盘接受。这是“中华新武术”逐步式微的

〔1〕鲁迅：《随感录》，《新青年》1918年11月15日。
〔2〕陈独秀：《克林德碑》，《新青年》1918年11月15日。

主要原因之一。

“中华新武术”是军队武艺，没能融入传统武术的全部精华。传统武术是庞大的格斗动作体系，其技击技术包罗万象，包含踢、打、摔、拿、靠等，与日本及西方格斗术有极大不同，尤其是以太极拳为代表的接触后控制对手并击打对手的方法更是别具一格。然而，“中华新武术”主要是击打类技击法，几乎没有传统武术接触后粘连黏随、弧线缠绕的打法。

有人将马良对中国传统武术的改良和嘉纳治五郎对日本柔道的改革相提并论。嘉纳治五郎成功地将柔术改成一项普及广泛的现代运动，而由于主客观各方面条件的限制，马良对传统武术的改造并未成功。“中华新武术”也是昙花一现，并未流传下来，这不能不说是一种遗憾。

第四节　军国民主义教育与武术

军国民主义教育思潮是清末民初产生的、有相当影响的救亡思潮。既是社会思潮，它就不是个别人的想法，而是反映特定群体的利益或要求并对社会生活有广泛影响的思想趋势。中国的知识精英主要为早期留学日本的群体。军国民主义先由德国传入日本，再由留学日本的蔡锷、蒋百里等人介绍到中国。

一、军国民主义教育兴起的历史背景

蔡元培曾指出：“军国民主义为体育……兵式体操，军国民

主义也。”[1]军国民主义教育实质上就是一种借助军事训练，倡导尚武精神、培养民众国防意识和使命感以达到强种救国之目的国家策略。清末民初，军国民主义教育思潮的兴起是国人对近代西方教育思想的主动适应和学习的结果，也是一种必然的选择。

在欧洲，军国主义[2]教育起源可以追溯到普鲁士王朝时期。当时普鲁士人在民族生存斗争和历史发展进程中，形成了独具特色的“民族精神”，即尚武精神或军国主义。[3]弗里德里希·威廉一世为了更好地培养士兵忠君爱国的精神，对士兵进行精神与肉体的双重训育，将士兵训练成一种为国家机器服务的工具。他将军队建设作为国家发展的核心，国家的教育、文化、经济等管理体制完全服从、服务于军队，彻底实行军事化管理。

我国军国民主义教育思想来自日本。明治维新奠定了日本迅速崛起的基础，使日本迈进了强国之列。明治维新的背后是日本锐意西学，尤其是效仿法、德两国，改变锁国政策。明治维新之后，日本的教育与兵备紧密结合在一起。各级学校尤为重视军事体操，并将其设置为必修课，野外行军、兵学大意、测图、刺枪术等成为主要教学内容。日本将教育作为战争的根本“武器”，学校教育以培养“义勇奉公”之品质为宗旨，一旦国家有难，则鞠躬殉难，奋起武勇，伸张国威。

---

[1] 蔡元培：《对于教育方针之意见》，《东方杂志》1912年第8卷第10号。

[2] 军国主义（Militarism）是指将穷兵黩武和侵略扩张作为立国之本，将国家完全置于军事控制之下，使政治、经济、文教等各个方面均服务于扩军备战及对外战争的思想和政治制度。军国主义充满残酷性和反动性，曾给人类带来巨大灾难。军国民主义则是一种教育思想，主张把军事训练运用到学校体育教学中。军国民主义是军国主义思想在教育领域渗透的结果。

[3] 律海涛：《中国近代军国民体育思想研究》，《南通大学学报》（社会科学版）2018年第3期。

19世纪末至20世纪初，中国遭到西方列强的欺辱，这时资产阶级改良派主张“环球各国，合上下精神之财力，则以通国皆兵”[1]，并开始对传统教育进行批判，主张尚武救国。梁启超等一大批知识分子意识到中国封建社会之儒教以及科举取士，且文武分途，形成“重文轻武”的民族性，才是受人欺凌之根源。梁启超认为：“今日所最要者，则制造中国魂是也。”据统计，清末至民初，我国有近百人奔赴日本学习体育。这些留学生通过在日本的实践，将发展军事体育的思想带回了国内。军国民主义教育思想很快在中国得到了发展和传播。

最早在中国明确提出军国民主义这一概念的是蔡锷。1902年，他在《新民丛报》上发表《军国民篇》一文，指出中国的“病根”在于国力羸弱，民气消沉，“居今日而不以军国民主义普及四万万，则中国其真亡矣”[2]。蔡锷分析了中国近半个世纪以来屡败于列强的原因，认为是国人精神气质的问题，从教育、思想、文学、风俗、体质、武器、音乐、国势八个方面进行了剖析。同年，蒋百里发表译文《军国民之教育》，开篇指出：“军务者，国民之负债也；国防者，国民之义务也；今日之战争，国民全体之战争，而非一人一姓之战争也。其胜也，国民享其利；其败也，国民受其祸，非于国民以外别有物焉，以担任其死生祸福也。”[3]

---

〔1〕《光绪政要》记载：光绪三十二年（1906年）正月，考察大臣载泽、尚其亨、李盛铎等奏请宣布立宪。7月，宣布预备立宪事宜。在这之前，清政府派遣载泽、戴鸿慈、端方、尚其亨、李盛铎等，赴各国考察政治。载泽等回国陈奏：“皆以国势不振，实由于上下相蒙，内外隔阂，官不知所以保民，民不知所以卫国。而各国之所以富强者，实由于行宪法，取决公论，军民一体，呼吸相通，博采众长，明定权限。以及筹备财用，经画政务，无不由仿行宪政，公之于黎庶。又兼各国相师，变通尽利，政通民和，有由来矣。”

〔2〕蔡锷：《军国民篇》，《新民丛报》1902年第一号。

〔3〕蒋百里：《军国民之教育》，《新民丛报》1902年第二十二号。

即国家兴亡，匹夫有责，因而战争也是全体国民的事情，不仅仅是军人的责任。

对于甲午战争中国败于日本，蔡锷认为：症结在于中国人驯顺退让，不善为战。而当此弱肉强食的世界，不好战，但至少要有足够的实力方能自立自足，安处一方。所以，中国人首先必须在精神上抖擞起来，铸造一种能够适应时代潮流的、全新的民族精神，实行军国民主义教育，以培养具有尚武精神、国家思想、权利观念的军国民，以实现抗敌御侮、保家卫国的目标。

二、近代中国军国民主义教育思潮形成的标志

军国民主义教育思潮形成的标志是军事体育走出军营，走进普通学校。蔡锷提出，军国民主义是“军人之智识，军人之精神，军人之本领，不独限之从戎者，凡全国国民皆宜具有之”〔1〕。

拒俄运动是军国民主义教育思潮发展历程中的重要事件。庚子事变期间，沙俄以保护铁路为由，出兵侵占我国东北三省。事件平息后，清政府与沙俄政府签订了《中俄交收东三省条约》。但事后沙俄政府拒不履约且又提出七项新要求，引发了中国人民集会、游行示威、通电抗议等一系列拒俄运动。蔡元培在集会上发表演说，指出“上海应设国民公会以议论国事，如东三省、广西等之最要问题”。会后，蔡元培以爱国学社学生组织义勇队，后改名为“军国民教育会”。以蔡元培、吴敬恒、黄宗仰为首的爱国学社共96人，分为8小队，由林思进、章士钊等教练，早晚操演。蔡元培也剪短头发，穿着制服，与师生同受军训。

---

〔1〕蔡锷：《军国民篇》，《新民丛报》1902年第一号。

蔡元培任教育总长后，在《对于教育方针之意见》中指出："夫军国民教育者……在他国已有道消之兆。然在我国，则强邻交逼，亟图自卫，而历年丧失之国权，非凭借武力，势难恢复。且军人革命以后，难保无军人执政之一时期，非行举国皆兵之制，将使军人社会，永为全国中特别之阶级，而无以平均其势力。则如所谓军人国民教育者，诚今日所不能不采者也。"[1]为此，他在北京大学组织起"学生军"，试图从教育着手达到教育社会民众的目的。面对外国列强的侵略，他提出要提倡体育，让人人都有可以当兵的资格，然而纯为自卫，绝不是主张侵略。蔡元培曾强调，中国教育应重尚武，不仅为保卫国家计，亦为强健身体计。蔡元培主张学校体育走军事化道路，学习欧洲一些国家兵学一体的做法，号召学生锻炼体魄，随时上战场保卫国家。这种教育思想也是在世界大战、国势衰弱、备受外侮的特殊历史背景下提出来的，对以后学校体育军事化发展有直接的影响。同时代的杨昌济、林砺儒、陶行知、戴伯韬等一大批著名教育家都致力于"教育救国"，主张学校体育军事化。他们的广泛呼吁极大地推动了军国民主义教育思潮。杨昌济认为要强国必须重体育，他在文章里提到"立国不可无野蛮之精神""国民文弱，体质不强，实在是值得忧虑的事"[2]，他十分赞同达尔文"生存竞争"的理论，并认为在国力上、民力上也都存在这种竞争。

新文化运动旗手和中国共产党创始人之一的陈独秀也是尚武精神的倡导者，他十分重视体育。他撰写过《说国家》《中国兵

---

〔1〕蔡元培：《对于教育方针之意见》，《东方杂志》1912年第8卷第10号。
〔2〕杨昌济：《静观窑札记》，《中国哲学》1980年第3期。

魂录》《枪法问答》等与军事化有关的文章并组织了一个“爱国社”，定宗旨为“发爱国之思想，振尚武之精神，使人人能执干戈卫社稷，以为恢复国权之基础”[1]。青年时代的毛泽东受到军国民主义教育思潮的影响，在《体育之研究》一文中提出“体不坚实，则见兵而畏之，何有于命中，何有于致远”，提出“文明其精神，野蛮其体魄”[2]的主张。

三、军国民主义教育的兴盛与衰落

1902年8月，在张百熙的建议下，清政府颁布了《钦定学堂章程》。《钦定学堂章程》又称“壬寅学制”，包括《钦定蒙学堂章程》《钦定小学堂章程》《钦定中学堂章程》《钦定高等学堂章程》《钦定京师大学堂章程》《考选入学章程》，是中国近代由国家颁布的第一个规定学制系统的文件。此章程首次将“体操课”纳入学校教育之中，并具体规定：蒙学堂及寻常小学堂每日一节体操课，其课程内容为整齐步伐、演习体姿、柔软体操及器具操；高等小学堂每隔一日一节体操课；中学堂及高等学堂每周两节体操课，高等学堂体操课的内容为兵式体操。[3]虽然受当时的社会背景影响，此学制没有成功实施，但是可以发现教学过程中已经出现了兵式体操的训练内容。就其体操、兵式体操的课程设置来看，军国民主义教育思想已经在学校教育中萌芽。

1904年，为了继续推动教育体制改革，张之洞、张百熙和荣庆等奏请颁布《奏定学堂章程》，即“癸卯学制”。此学制强

---

〔1〕章开沅主编《辛亥革命辞典（增订配图本）》，武汉出版社，2011，第341页。
〔2〕毛泽东：《体育之研究》，《新青年》1917年4月1日。
〔3〕成都体育学院体育史研究所：《中国近代体育史资料》，四川教育出版社，1988，第135页。

调“中学为体，西学为用”，大部分借鉴了日本教育体制。其中规定“各学堂一体练习兵式体操以肄武事”，体操课成为各级学堂必修课程。

1911年，中央教育会会议召开，大会认为欲使全国人民恪尽当兵之义务，必先干涉学校教育，加强学生的军训，学校军训得以贯彻于普通学校。此次会议通过了《请定军国民教育主义案》与《定军国民教育主义案》。两议案均规定“通饬各种学堂，体操科一律为主课”等。军国民主义教育逐渐开始制度化、体系化，政策制定为其实施提供了合法依据。

中华民国成立后，蔡元培提出了“军国民主义、实利主义、公民道德、美育和世界观”[1]五育的教育方针，认为五育之间相互影响，相互促进，在培养人才成长方面各有其独特价值，并主张在民族危难之际，大力发展军国民主义教育。蔡元培同样将体育推广至全体国民，提出体育不仅有强身健体之功效，还能够促进军事建设，提高国民服兵役的积极性。1913年3月，教育部颁布《中学校课程标准》，规定设置体操科，男生习练兵式体操和普通体操，女生习练普通体操、舞蹈、游戏。

1915年初，袁世凯以大总统的名义颁布了“爱国、尚武、崇实、法孔孟、重自治、戒贪争、戒躁进”的七项教育宗旨。1915年4月，在全国教育会联合会上形成的《军国民教育实行方案》明确指出，小学学生要养成军国民的气质以及军人的志趣，中等以上学校学生要具备充当兵役的能力。这与梁启超提出的国家改良的

〔1〕蔡元培：《对于教育方针之意见》，《东方杂志》1912年第8卷第10号。

前提是培养新型国民，有着同样的逻辑。[1] 1916 年，时任教育总长的范源镰模仿英美的教育制度提出了实行军国民主义教育的大略办法：凡高等小学以上之学校，均施行军事教育；无论士农工商，均需入学，以期军事教育之普及；各学校既施军事教育，而于文事教育亦须并行，以期文武兼备；所有军国一切教育之制度，均需仿效英美两国。[2]

清末民初，军国民主义教育在国家力量和知识分子的推动下，在教育系统中推广和开展，促使军国民主义教育不断走向正规化和制度化。

但是，在军国民主义教育的推动过程中，由于其教学内容的单一枯燥和师资力量的不正规，受到了社会上一些知识分子的批判和反对。1909 年，蒋维乔认为，体育并不是专门为培养国民的尚武精神而存在的，为了培养有用之才，应该使国民的身体和知识两个方面都得到锻炼和培育。恽代英对于军国民主义教育的危害有更为清晰的认识。1917 年，恽代英在《学校体育之研究》中写道："究其对于强健身体之关系，毫不知晓，终无异于军队之从鞭笞教令中得来学问者而已。"[3] 恽代英本着"授之以渔"的思想，希望学校体育教学生"运动之最合宜有益之方法"[4]。他认为学校体育教育应与军队训练区别开来，学校体育应该以学生的健康发展为目标。1919 年，徐一冰也对兵式体操出现的问

〔1〕黄金麟：《历史、身体、国家：近代中国的身体形成（1895—1937）》，新星出版社，2006，第 47 页。
〔2〕刘尧峰：《军国民教育思想对民国武术发展影响的研究述评》，《搏击（武术科学）》2013 年第 8 期。
〔3〕恽代英：《学校体育之研究》，载中央教育科学研究所编《恽代英教育文选》，湖北教育出版社，1991，第 55 页。
〔4〕王彬：《恽代英体育思想研究》，硕士学位论文，杭州师范大学，2012，第 16 页。

题提出了自己的观点和想法，他在《整顿全国学校体育上教育部文》中写道：“学校体育亟宜割除兵式教练一门。兵式教练，属于军事方面，国家备有专门，所以防御外侮。故其训练目的，无非攻占杀伐，本非学校体操保存康健之普及法也”，“且各省学校兵式一科，喜延军界中人教授，此种军人非退伍兵士，即为军中所不齿者，品行不端，文字不知，粗暴之气，俗不可耐。”〔1〕后续，黄醒、张宝琛等学者也对军国民主义教育中兵式体操的机械性动作和不符合学生身心健康发展规律的内容提出了批评和质疑。

1918 年，第一次世界大战结束。战后短暂的和平和帝国主义“公理战胜强权”的背景影响了一大批国人的思想，他们认为“民治主义打败了帝国主义”，世界和平有了保障，中国也会在公理的原则下获得民族独立。同时，中国一些学者受新文化运动，以及美国实用主义和自然主义教育思想的影响，对军国民主义教育产生更多疑问。军国民主义教育思想开始衰落。

1919 年 4 月，《教育调查会第一次会议报告》中写道：“现在欧战之后，军国民教育不合民本主义，已为世界所公认，我国教育宗旨，亦应顺世界潮流，有所改变。”〔2〕同年 10 月，在山西太原召开的民国时期第五届全国教育会联合会上，参会代表对军国民主义教育明确提出了否定意见：“近世界大势，军国民主义已不合教育之潮流，故对于学校体育自应加以改进。”进而提出《请废止教育宗旨宣布教育本义案》，此提案认为：“军国民

〔1〕国家体委体育文史工作委员会、全国体总文史资料编审委员会编《中国近代体育文选 体育史料 第 17 辑》，人民体育出版社，1992，第 22 ～ 23 页。
〔2〕万婧远：《清末民初军国民主义思潮研究》，硕士学位论文，中国科学院研究生院，2014，第 23 页。

教育指向外界对学生及国民的干预、训练，是一种教者行为，处于被动、机械的地位，应立足于学生及国民的主体与探究的本位教育，重在学的倾向、选择和行为。”[1]会议通过了改革学校体育课程的决议。该决议提出减少兵操时间，增加体育课时。1922年，随着“壬戌学制”的颁布，军国民主义教育彻底被废止，军国民主义教育思潮的影响力开始减弱。

四、军国民主义教育思想对武术的影响

（一）军国民主义教育思想创造了浓厚的尚武氛围

民国初年，作为一种重要的教育思想，军国民主义教育思想提倡尚武精神，以军事操练的方式增强民众的身体素质，寓兵于民，培养民众顽强的意志和军人般的品格，为富国强军培养后备人才。

尚武精神是军国民主义教育思想的核心要义。军国民主义教育思想对尚武精神的提倡，体现了当时知识分子在国家和民族危亡时刻的觉醒。梁启超在《论尚武》一文中对德意志、俄罗斯、日本等强盛国家的核心力量进行了阐述，他认为：“此数国者，其文化之浅深不一辙，其民族之多寡不一途，其国土之广狭不一

---

〔1〕该决议案由江苏省教育会代表沈恩孚提交，经1919年10月17日大会特设审查会审查通过后，又于10月21日下午经全体到会会员表决通过，最终形成呈报教育部的第一号决议案。该决议案内容：新教育之真义，非止改革教育宗旨，废止军国民主义之谓也。若改革现时部颁教育宗旨为别一宗旨……仍是应如何教人的问题，非人应如何教之问题也。从前教育，只知研究应如何教人，不知研究人应如何教。今后之教育，应觉悟人如何教，所谓儿童本位教育是也。施教育者，不应特定一种宗旨以束缚被教育者。盖无论如何宗旨……终难免为教育之铸型，不得视为人应如何教之研究。故今后之教育，所谓宗旨，不必研究、修正或改革，应毅然废止。本年调查研究结果，“养成健全人格，发展共和精神”二语，经本会讨论，认为适合教育本义，非宗旨之改革。佚名：《教育参考资料选辑》第2集，教育编译馆，1934，第32页。

致，要其能驰骋中原、屹立地球者，无不恃此尚武之精神。”[1]在孙中山所提倡的“武技与强种保国有莫大之关系”的思想影响下，1915 年，教育部采纳了将中国旧有武技的有关内容列入学校体育课的建议，明令“各学校应添授中国旧有武技，此项教员于各师范学校养成之”。

尚武思潮以民族大义为核心，以以武振魂为内容，是当时中国的知识分子在“国家话语”中对国民武侠形象的塑造。通过尚武精神来改变传统的重文轻武的思想，体现了全民尚武的新民思想。尚武思潮对中国武术的发展产生了重要的影响。

（二）军国民主义教育思想促进了学校武术教育的开展

军国民主义教育主要是采用军事训练的方式来增强国民身体素质，在此过程中培养国民军人般的品质，寓兵于民，在社会上形成尚武氛围，最终达到富国强兵的目的。军国民主义教育思想传入后，成为学校教育改革的主流思想，同时推动了武术进入学校体育课程体系的进程。

1906 年，中国历史上第一个以国家法令颁布教育宗旨的《学部奏请宣示教育宗旨折》中提出：“中国民质之所最缺而亟宜箴砭以图振起者有三：曰尚公，曰尚武，曰尚实……中国之大病曰私，曰弱，曰虚，必因其病之所在而拔其根株，作其新机，则非尚公、尚武、尚实不可也。”[2]奏折中比照外国经验和中国传统，针对教育现状进行分析，对各项宗旨的提出原因、落实方法，均

---

〔1〕梁启超：《新民说·论尚武》，载《梁启超全集》（第三卷），北京出版社，1999，第 713 页。
〔2〕岳刚德：《颠覆与重构：现代学校德育课程变革》，山东教育出版社，2015，第 78 页。

做了详细阐述。如尚武是在国家积弱、列强环伺的背景下，借鉴东西方各国，尤其是日本教育提出的，要求国文、历史、地理、音乐、体操等各门课程都“必寓军国民主义”。此时体操课的内容主要包括普通体操、兵式体操和游戏等。《学部奏请宣示教育宗旨折》有明确要求，幼稚者以游戏体操发育其身体，稍长者以兵式体操严整其纪律，而尤时时勖以守秩序、养威重，以造成完全之人格。可以看出武术在此时成为一种辅助的教学内容。

《定军国民教育主义案》规定，高等小学以上应兼习武术。《军国民教育施行方法案》指出，各学校应添授中国旧有武技。1918 年提出的《请将中国固有武术加入专门学科案》最终未能将武术列为专门学科，但是从之后的《拟请全国中学校一律添习武术案》《请令全国学校定国术为体育主课案》《请筹办国立国术专科学校案》《拟请由部通令全国大中小各级学校列国术为必修科案》来看，武术在学校教育中逐渐开始从边缘走向主流，从最初的选修课开始向必修课过渡。

（三）军国民主义教育思想推动了民间武术社团的发展

在军国民主义教育思想的影响下，社会的尚武氛围开始形成。国民对自身身体的思考被唤醒，“本我”的身体在尚武救国的氛围中上升为“超我”的身体，国民的身体与国家关联被赋予了政治使命，使得身体改造成为国之大事。特别是武术成为学校体操的重要内容后，缺少武术师资的问题需要尽快解决。多种因素叠加，大大促进了民间武术社团的发展。

此时的武术社团以强种救国为己任，以培养一代新民，服务国家为政治目标。在履行政治使命的同时，武术组织自身的发展呈现专业性、跨地域、开放式的特点。

1910 年成立的精武体育会以“提倡武术，研究体育，铸造强毅之国民”为宗旨；1911 年成立的宁波国民尚武分会以“提倡武风，挽救文弱”为宗旨，其体操团则明确强调“实行尚武，养成健全军国民”。

1912 年，中华民国临时政府颁布的《中华民国临时约法》中明确规定，人民享有人身、居住、财产、言论、出版、集会、结社、通信和信教的自由。国越进步，人民群治之力越强，而结社集会之风亦因之日盛，全国各地武术社团如雨后春笋般地在城市里发展起来。北京相继成立了北京体育研究社、北京剑术研究会、行健社、北平国术体育社、天桥武术茶社、中州会馆拳场、艺林武术社、汇通国术研究社、中华尚武学社、北京健民国术传习社和中华国技武术研究社等 25 家民间体育与武术社团；上海一地有中华武术会、中华国技研究会、致柔拳社、武当太极拳社、汇川太极拳社、尚德武术研究社、鉴泉太极拳社、达摩国术社、螳螂拳社、永年太极拳社等；还有天津的中华武士会、四川武术会、青岛中华武术会、山东武术传习所、黄县国术研究会、河北定县蒲阳拳社等。这些民间体育与武术社团，或以研究国技、传习武术、振兴尚武精神为宗旨，或以研究体育、发展体育为宗旨，或两者兼之，但目的均是健全国民之体格。这些社团应时代而生，有的出于爱国热情，以私人的力量来推进；有的为试验技击，集合同志设研究所[1]。这些组织的兴起促进了武术的传播、发展，

〔1〕刘帅兵:《民国时期武术教育的历史诠释》，博士学位论文，上海体育学院，2019，第 54 页。

促进了武术各门派的融合。

从某种意义上来说，军国民主义教育思想是一种思想的大解放，更是一种民族精神的内化，它冲破了2,000多年的中国传统教育模式对人们思想的禁锢，改变了传统教育轻视体育的思想，带动了当时社会风气的改变。军国民主义教育思想在全国的迅速传播，推行军国民主义教育的社会团体的创立，加快了武术的社会化进程。

第五节 精武体育会的传播

精武体育会的发展与传播对武术的传承和发展起到了重要的作用。精武体育会的创始人思想新颖，有革新理念，并多以经商为业，他们在上海精武体育会成立不久即沿海南下，在广东、香港、澳门等地区和东南亚的一些国家拓展分会。民国时期，这些精武体育会发展迅速，影响很大，成为精武体育会发展史上辉煌的一页，也是中华武术传播、推广的成功典范。

一、精武体育会在香港和澳门的传播

香港和澳门接近广东，但制度、风土人情与上海、广东都有所不同。自20世纪20年代成立以来，其精武体育会蓬勃发展，形成了自己的特色。香港、澳门精武体育会的成立都和当地的商贾活动有关。陈公哲在途经香港时，经由精武体育会成员结识了香港的诸多商人。一些有志商人提议在香港设立精武体育分会，

通过精武旨趣影响民众，实现民强而国富的目的。香港精武体育会于1921年开始筹建，1922年正式成立。早期创办人有凌匹参、余笑常、阮文村、刘季焯等。[1]澳门精武体育会成立于1924年，根据罗啸敖所著《精武内传》记载，澳门精武体育会由参与创立广州精武体育会的著名律师卢兴原组织成立[2]，澳门当地绅商卢廉若担任会长。1927年卢廉若逝世后，其子卢炜恒接任会长。澳门精武体育会成员也是以商人为主。

香港精武体育会成立后，先后邀请上海精武体育会鹰爪派教练陈子正、刘致祥、刘占五等到港教课。当时香港大学、皇仁书院、拔萃书院、圣士提反书院等听闻武术有益于身心，又是一项自卫技能，纷纷请求香港精武体育会派员到学校教课，香港精武体育会逐渐被人熟知。三年间，会员骤增至数千人。香港精武体育会三育并举，除国操训练班外，更添设游泳会、国语班、京乐班、粤乐班。本设有香港精武女会，后因不符合规章，改为女子部。还增设了义学，以会中课堂为校址，完全免费招收适龄学生，20～30人为一班，三年毕业，每日均有技击课程，既实现精武人才培养的目的，使莘莘学子明白精武体育强国强民的宗旨，又让非精武会员享受精武的利益，合于社会各界人士共同赞助的盛情。不同于其他精武分会，香港精武体育会近百年来一直存在，没有中断过，20世纪六七十年代更因李小龙的武术和他出演的电影《精武门》成为精武体育会的代表。

澳门精武体育会及其女子部于1924年先后成立，先期曾邀

〔1〕陈公哲：《精武会50年》，春风文艺出版社，2001，第44页。
〔2〕罗啸敖：《精武内传》，上海社会科学院出版社，2008，第112页。

请卢炜昌、姚蟾伯到澳门演讲、教练两日，各界异常踊跃，座无虚席。澳门精武体育会开办仅一周，会员已达千人，十余所学校加入。澳门精武体育会会长卢廉若是著名富商，也是慈善家、教育家，在精武体育会开办早期起到了重要作用。澳门精武体育会组织精武体育活动的同时，秉承服务社会、见义勇为的宗旨，在1924年广东遭遇水灾后，组织人员募捐，将所得善款交给广东商团代行发放赈灾。

二、精武体育会在南洋的传播

（一）五使南来

广州精武体育会成立后，报纸大加宣传，声名远播至南洋。广州精武体育会会员黄强亚曾到上海精武体育会参观，后赴马来西亚吉隆坡就业。他向当地华侨商贾谈及精武事，并教以精武弹腿，侨商获益良多。罗啸敖因广州坤维女学校重建事宜，赴马来西亚募捐。上海精武体育会寄给他《精武本纪》、“国术丛书”、组织章程等宣传资料，请其顺便做宣传。有黄强亚宣传在先，罗啸敖到达南洋时，当地侨商纷纷要求其协助组建分会。罗啸敖返回上海，和陈公哲谈及此事，“若欲南洋各埠早日成立精武，必须先生亲自莅马，以遂侨胞仰慕之殷”[1]，陈公哲应允。1920年7月，罗啸敖、武术教师叶书田、会员黎惠生先行，陈公哲和他的妹妹陈士超于8月乘邮船前往。为扩大声势，陈公哲、罗啸敖、陈士超、叶书田、黎惠生五人以精武体育会“五使”的名义前往。

〔1〕陈公哲：《精武会50年》，春风文艺出版社，2001，第48页。

"五使"先后到越南的西贡，马来西亚的新加坡[1]、吉隆坡、槟城，印度尼西亚的雅加达、三宝垄、泗水等地。每到一地都受到当地华侨及各界人士的热烈欢迎。"五使"在各地做演讲，介绍上海精武体育会的宗旨及成立以来的成就，表演精武武术，放映精武电影，与代表座谈筹建精武体育会有关事宜。南洋之行共75天，到了9个地区，做了30场演讲，深入10所学校传授武术，训练224人，参观学校、工厂29次，会见人数达400余人。[2]这是一个具有开拓意义的壮举，对精武体育会在南洋的发展影响深远，在南洋精武体育会历史上被称为"五使南来"。

（二）南洋各地分会的成立

雪兰莪精武体育会是东南亚成立最早的精武体育分会。1920年陈公哲等在此宣传后，当地有志之士就开始自发成立组织，定期开会，通过章程，向政府申请注册。1921年9月，雪兰莪精武体育会获准注册，正式成立，在吉隆坡谐街设立会所，首任会长为张郁才，副会长为辛百卉，其他重要职员有曹尧辉、梁隆福、陈泰阶、黄强亚等。[3]张郁才的热情很高，承担了办会所需要的全部费用，当地的华商梁顺玲捐出数亩林场，开辟为体育操场。由于缺少教练，"五使"之一的叶书田被聘为武术教员，留在雪兰莪执教。

陈公哲等到新加坡宣传精武体育会，各界侨商热烈欢迎。在此之后，新加坡本地侨商麦仲尧、甘清泗、林推迁、林义顺、

---

〔1〕1965年8月9日，新加坡脱离马来西亚成立新加坡共和国。
〔2〕陈公哲：《精武会50年》，春风文艺出版社，2001，第80页。
〔3〕"雪隆精武体育会简史"，据雪隆精武体育会网站：http：//www.chinwoo.org.my。

林文庆、伍璜、李铁岑、黄兆圭、余东旋9人发起组建新加坡精武体育会，于1922年8月获政府核准，注册成立。根据1982—1983年《新加坡全国社团大观》一书记载，新加坡精武体育会是新加坡历史最悠久的武术团体。[1]

金宝是马来西亚霹雳州下辖的一个县，怡保是霹雳州的首府。金宝精武体育会，最初是当地侨领黄芳聘请黄强亚在其别墅教授儿童习武，练习两个多月后，身体强壮的儿童更加壮实，柔弱的逐渐转强，效果十分明显，黄芳因此向当地政府申请注册立会。金宝精武体育会于1923年3月得到当地政府批准，正式成立。[2]公推黄芳为正会长，胡清吉为副会长，其余财政会董均系该埠热心出资并担任义工的殷实商人。会所操场面积约十数亩，也由该埠殷商及会员送出。[3]上海精武体育会任命黄强亚为金宝精武体育会国操主任。[4]

1923年，金宝精武体育会成立后，召开了盛大的游艺会。怡保矿商林六经、陈沛雄、陈炽雄对游艺会上中华武术精彩绝伦的表演赞叹不已。于是三人捐巨款筹办会所，成立怡保精武体育会。

和以上成立方式类似，通过精武体育会成员和华侨商团的牵线、东南亚各精武体育会的互相影响，其他精武体育会先后成立，如实吊远（实兆远）精武体育会、太平精武体育会，都是在精武

〔1〕“关于新加坡精武体育会”，据新加坡精武体育会网站：http：//www.sgchinwoo.com/Home。

〔2〕黄强亚：《金宝精武成立报告》，《中央杂志》1923年第18期。

〔3〕佚名：《金宝精武消息》，《中央杂志》1923年第26期。

〔4〕佚名：《中央精武通告》，《中央杂志》1923年第28期。

体育会成员黄强亚与中央精武体育会的共同促进下成立的。精武体育会成员霍东阁开拓印度尼西亚精武体育会，一年之间建立泗水、吧城、芝利群、巨港、西朗和三宝垄六处。实吊远精武体育会得到了怡保精武体育会会长罗燊南的慷慨赞助，在 1929 年正式注册成立。[1] 同年成立的太平精武体育会，也是通过当地华商的捐款才得以正式注册。

南洋精武女会也在“五使南来”后蓬勃发展起来。根据陈公哲后来回忆：

> 回忆吉隆坡在三十二年前，风气闭塞，女子不许读书，遑论打拳，在戏院观剧，区分男女座位，由此可知。自余偕士超妹来此，登台表演兼对手，打破男女界线，会后各女生向士超包围，要求成立女会……[2]

到 1924 年，南洋各地成立的女会有新加坡女子体育会、雪兰莪精武女会、庇能精武女会等。其中，雪兰莪精武女会成立最早，由辛谭彩云、陆林翠兰主持，吴雪华、尹志伊等女士辅佐，中央精武体育会派遣李志义、冯琼珊女士担任主任教练。

经过几年的发展，精武体育会在东南亚各地扎根，为接下来近百年的发展奠定了基础。

---

〔1〕黄强亚：《实吊远精武成立始末记》，《精武画报》1929 年第 12 期。
〔2〕陈公哲：《精武会 50 年》，春风文艺出版社，2001，第 126 页。

第六节　北京体育研究社的创建及其影响

一、北京体育研究社的创立

北京体育研究社发起人许禹生（图 2–5）出生于武术世家，从 6 岁起便在父兄的督促下习练查拳、弹腿，13 岁时已掌握了查拳一至十路、弹腿一至十二路。20 岁时，家中聘请刘德宽传艺。在刘德宽亲授下，许禹生每天习练 6 个小时，一练就是 4 年，得到六合门拳械真传。许禹生 24 岁开始以武会友，声名鹊起，家中成了拳派名家相互交流切磋的场所。在交流中，许禹生大开眼界且受益匪浅，每遇见技艺卓越、功夫深厚的大家，他总是虚心讨教。他曾为杨氏太极拳“以柔劲克刚、四两拨千斤”的推手实战功夫折服，拜杨健侯为师，得到杨氏太极拳真传。特殊的习武经历和长年练功不辍，使许禹生既有扎实的传统武艺，又具备宽阔的视野，这也为其日后创办武术团体奠定了基础。

图 2–5　许禹生像

1912年11月，许禹生与北京武术界著名人士郭秋坪、锺一峰、岑履信、关伯益、金湘甫、延曼生等组织创建北京体育研究社。起初借用西四牌楼公立第一公众补习学校的余屋数间，随着北京体育研究社的发展，社务逐渐繁忙、社员增多，故于1919年迁至西单牌楼北西斜街。

1916年，北京体育研究社总干事许禹生和孔廉白赴济南参观“中华新武术”后颇有所感。京师学务局副局长刘芸生考察日本体育的开展情况和我国江浙一带体育状况之后（当时江浙两省私立体育学校甚多，故江浙及附近各省体育比较发达）也颇有感触。他们均感觉北京各校的体育开展情况落后甚多，于是共商对策，对北京各校体育进行改革。而改革的第一要务就是培养师资。1917年2月，北京体育研究社附设体育讲习所成立，许禹生为主任。1920年4月，附设体育讲习所更名为北京体育学校。学校成立后，聘请当时武术界名望很高者任教。学校招收大、中、小学校体育教员进修武术及近代体育。

北京体育学校成立后，京师各校渐向其聘请教员，以教授武术，一时形成北京各校延聘武术教师的风气。

北京体育学校的成立在一定程度上缓解了当时社会上体育师资严重不足的矛盾，故而得到蔡元培的赞许，并由教育部拨出专款，在北京西单西斜街重建新的社址。教育部还特别发出通知，责令各地学校或教育机构选派学员来京学习。这无形中为北京体育研究社大大增色，使其影响、规模逐渐扩大。

二、北京体育研究社的主要贡献

北京体育研究社是北方地区以北京为核心的近代武术体育社会团体，它的出现为武术与西方体育的主动融合提供了平台。

（一）北京体育研究社会聚了北方主要的武术师资

北京体育研究社会聚了当时北方主要拳种和流派中有影响的人物，如纪子修、赵铨、耿继善、杨少侯、杨澄甫、吴鉴泉、恒寿山等，客观上促进了北方武术的交流和融合，对近代武术产生了深远的影响。

（二）北京体育研究社对现代体育教育课程体系建设的贡献

北京体育研究社是最早将西方体育与传统武术运动进行积极融合的民间武术体育组织。它以体育为名，实则提倡武术兼及体育，顺应了当时新文化运动的思潮。北京体育研究社的显著特征是，它并非单一的武术组织，而是兼顾东西方各种体育运动。从课程设置所涉及内容来看，北京体育研究社已经具备现代体育教育课程体系的雏形。其课程设置所涉及的内容如下：

学科基础：心理学、生理学、解剖学、运动生理学；教育学、教育史、教育制度；体育原理、体操理论、体育史、武术理论；学校管理法、学校卫生学、检查身体法、急救法；体育处理法、体育教授法、拳术教练法；军事学、国文、外国语、音乐等。

近代体育运动包括体操和童子军课程。

体操：田赛、径赛；网球、篮球、足球、排球、垒球；普通体操、器械体操；柔道。

童子军：初级、本级、优级课程。

武术运动包括拳术、器械和“中华新武术”。

拳术：太极拳、八卦掌、形意拳、少林十二式、弹腿、岳氏拳术（散手、连拳）、长拳、短打及擒拿法、拳术对手。

器械：刀术、枪术、棍术、戟术、剑术、锏术、钩术、器械对手。

“中华新武术”：剑术、棍术、拳脚、摔跤。

（三）北京体育研究社推动了武术进校园

积极参与政府活动，向教育部门提交与武术和体育相关的议案是北京体育研究社不同于同时期武术和体育组织的一大特征。这体现了北京体育研究社的话语权，也奠定了该社特殊的历史地位。

1915 年，北京体育研究社的“拟请提倡中国旧有武术列为学校必修课案”是推动武术进入校园的关键提案。北京体育研究社在提案中明确阐释学校体育“然皆袭他人之形式，未克振己国之精神，以故兴学几廿年，而国民之强健，未见有若何之进步也。今拟提倡中国旧有武术，以振起国民勇往直前之气”[1]的观点。同年，教育部采纳了北京体育研究社的建议，武术以合法的形式被列入体育课程。1918 年 10 月，教育部召开的全国中学校长会议通过了“全国中学一律添习武术”的议案，至此，武术正式进入学校，成为学校体育课程的一项内容。

〔1〕释永信主编《民国国术期刊文献集成》第 9 卷，中国书店，2008，第 359 页。

（四）北京体育研究社促进了武术理论研究

北京体育研究社在创立之初是一个纯粹研究体育的学会，其后将宗旨修订为研究体育振兴和尚武精神。成立之初，其组织架构有研究、编译两个部门。1918 年 2 月，北京体育研究社在成立七周年之际，出版了第 1 期《体育》杂志，9 月出版第 2 期。北京体育研究社对武术的研究极具前瞻性和开创性，它最早认识到过去武术偏重技术，忽略理论，方式的创造者多，理论的阐释者少〔1〕的弊端，并“拟将中国拳术博考详求，因其浅深，次其秩序，编为专书，使成系统”〔2〕。在当时，《体育》杂志的创办在武术研究或体育研究上实为首创，它开设的论说、研究、译述、名著、调查、教材、成绩、杂俎、记事、专件等栏目，为武术与体育研究提供了多维度的研究方向。同时，北京体育研究社陆续编撰《拳术教练法》《罗汉行功法》《太极拳单式练习法》《拳术蠡言》《太极拳拳势图解》等武术研究著作，对武术科学化进行了有益的探索。

北京体育研究社是近代第一个具有现代意义的以武术为主的民间体育组织，它将近代体育科学知识和教育理念融入传统武术，有组织、有计划、有教材、有方法、系统性地将武术纳入现代教育，客观上促进了武术的社会化、科学化。

〔1〕胡异军：《国术的新生命与其新趋势》，《中央国术旬刊》1929 年第 3 期。
〔2〕许禹生：《发刊词》，《体育》1918 年第 1 期。

第三章

民国中期的武术运动

民国中期，作为西方文化代表的西方体育与作为东方文化代表的武术发生了激烈的冲突与碰撞。以中央国术馆为代表的民族体育团体在武术与西方体育的对抗中发挥了重要作用。随着“土洋体育之争”的深入，在“民主与科学”的感召下，武术也逐渐开启了体育化的历程。

第一节 中央国术馆的创建

一、中央国术馆的创建

关于中央国术馆的筹备情况，《中央国术馆汇刊·本馆筹备会纪事》中记述得较为清楚：

民国十七年（1928）三月四日，在国府开国术游艺大会一次，与会人员，以宁、沪两埠到会者最多，表演各项国术。谭、李两先生及张之江、李景林两委员在国府欢宴与会之国术界同志，席间提议组设国术馆。定于五日午后二时假廖家巷一号张宅开筹备会，在席者，均为筹备员，是日到会者有李景林、张之江，诸同志二十余人，……嗣经议决各案，（一）呈报国府备案，并请以本馆直接隶属国府，（二）公推张之江先生为馆长，李景林先生为副馆长，（三）本馆组织（另见规章栏本馆组织大纲），（四）本馆经费，开办筹备费，首由李协和先生拨二千元……六日午后二时，继续开会决议。[1]

中央国术馆从3月5日开始筹办到3月24日召开成立大会，前后仅20天。3月6日的筹备会结束后，张之江即以“国术研究馆筹备处”的名义将呈请成立国术研究馆的报告提交给国民政府。1928年3月15日，国民政府对成立国术研究馆之事很快予以批复，原文如下：

国术研究馆筹备处：呈为设立国术研究馆请予备案并补助经费由呈及简章均悉。吾国技击诸法渊源久远，传习寖微，设馆研究，具见尚武精神，裨益青年体育。查阅简章，亦尚妥协，应准备案。所请按月补助经费五千元，候令财政部查照发给可也。[2]

当日，国民政府又责成财政部，同意下拨“按月补助经费五千元”给国术研究馆。然而，国术研究馆建立需要一笔巨额经费，张之江经过多方努力终于筹措到建设资金。

1928年7月9日，国民政府颁发的第618号令将国术研究

〔1〕释永信主编《民国国术期刊文献集成》第8卷，中国书店，2008，第386页。
〔2〕佚名：《国民政府公报》第15册第41期，成文出版社，1972，第17页。

馆更名为中央国术馆。中央国术馆之所以能够在如此短时间内完成从筹建到运营的一系列事宜，主要是此项倡议得到当时国民政府的全力支持。

国术研究馆的成立得到了全国武术界的积极响应。精武体育会收到张之江、李景林邀请，派出三十多人的表演团，参加国术研究馆成立大会。成立大会在南京府东大街大舞台召开。3 月 24 日下午，大会正式开始，馆长张之江、副馆长李景林以及于右任、谭延闿和李宗仁等发表讲话。会上，张之江与李景林还分别即兴演练了八仙剑和太极剑。陈公哲表演了抱月刀，赵连和表演了大战拳，陈铁生表演了绨袍剑，徐致一表演了太极拳，等等。陈铁生在 1928 年 3 月 31 日出版的《精武画报 · 国术馆成立记》一文中对国术研究馆的成立评价道："国术馆有此内行的人主持，其发达盖可预睹，不禁为国术前途，一额手焉。"〔1〕

二、中央国术馆馆长张之江、副馆长李景林

张之江（图 3–1），字紫珉，号子茳，生于河北省"武术之乡"沧州盐山，幼读诗书、壮习武略，东三省讲武堂毕业，是冯玉祥前期两大主要助手之一。

1911 年，张之江因参加滦州起义而被解职。辛亥革命后，他投奔绥远将军张绍曾，1914 年转而投入冯玉祥麾下，进入第十六混成旅，短短几年，经上尉参谋、骑兵营长、团长、旅长、第七混成旅旅长升至师长，为冯玉祥"五虎上将"之首。1924 年北京政变后，张之江升为察哈尔都统。1926 年，冯玉祥通电

〔1〕释永信主编《民国国术期刊文献集成》第 8 卷，中国书店，2008，第 193 页。

图 3-1　张之江像

下野，赴苏联考察，张之江接任西北边防督办、西北军总司令，代冯玉祥统率西北军。他在任时，一肩明月，两袖清风。五原誓师重组国民联军之后，张之江由于心力交瘁，患了中风之症半身麻痹，经全力抢救才保住性命，但行动不便。因病中反思和副官劝告，张之江开始尝试用武术来锻炼身体。他先练习八段锦，后又坚持学练太极拳，几个月下来竟奇迹般地恢复了健康。于是，张之江对武术的健身功效有了亲身的体验。

张之江认为，即使有了洋枪洋炮，武术仍然有着广阔的用武之地，除了在战场上短兵相接时杀敌制胜外，在平日也能够强身健体、强族强种。如果人人参加武术训练，不仅能够洗雪我国“东亚病夫”的奇耻大辱，强民族之精神，还能使中国迈进世界上最先进文明国家之行列。因为认准了这一目标，张之江放弃了一切军政要职，全力投入中央国术馆的建设。

李景林，河北枣强人。其父懂得一些江湖拳脚。李景林从小就在父亲的指点下，学习燕青门、二郎门拳械。李景林从小有任侠之气，曾为故里赋税闹过县衙。

1898年，李景林被父亲送入奉天的“育字军”陆军青年学校就读，师从宋唯一学习武当剑术。其后宋唯一还将自己所著的《武当剑谱》《剑形八卦掌谱》《道家修道录》等武功秘籍送给了李景林，此后李景林有了“武当剑仙”的雅号。1900年，受庚子事变的影响，李景林回到家乡后前往永年县（现为邯郸市永年区），拜在太极宗师杨健侯门下，并与杨澄甫结下了深厚的友谊。1903年，李景林进入北洋陆军速成武备学堂，他的同期校友包括吴佩孚、孙传芳等。1907年，李景林被任命为清廷禁卫军下级军官。

1911年10月，武昌起义爆发，李景林随军南下参战，受到清廷嘉奖。1912年，李景林参加东北军并先后任连长、陆军第一师参谋长、奉系司令部参议、奉天陆军第七混成旅旅长等职。1922年4月，第一次直奉战争爆发，李景林升任第三梯队（东路军）司令。李景林十分注重军人武艺的培养。1925年1月，李景林出任直隶军务督办之职，请老师宋唯一至天津随军执教，学艺者有张骧伍、蒋馨山等。11月，李景林升任奉军第一方面军团司令。

1926年下半年，李景林从天津乘海轮南下上海，邀请当时也在上海的武术宗师孙禄堂共商提倡武术事宜。1926年底，李景林、孙禄堂二人正式在上海收徒传艺。

习武出身的李景林，治军特别重视武术，他任奉天陆军第七混成旅旅长时，强化贯彻“武术在实战中学，在实战中用”的原则。在旅、团、营部都编设一个武术队，专门进行武术训练。武术教员、教官都编制到各级，拳种不限，实用为主。所有军官必须习武。班长是一个班中武艺最好的，排长、连长、营长、团长皆然。他用武术来训练士兵的近身格斗和搏杀本领，特别是在骑兵中设“斩劈活靶与活靶反击”的训练课目，并常亲自参与示范，提高了士兵的战斗力和耐力，使其军队以急行军在战役中屡屡建功。

第二节　中央国术馆及其全国分支机构概况

一、中央国术馆的组织架构与宗旨

作为民国时期武术的官方组织机构，中央国术馆在武术近代转型时期所发挥的重要作用是毋庸置疑的。中央国术馆之所以能取得这样的成就与其自上而下的完整组织架构和系统运营有密不可分的关系。因此，以民国历史为背景考察中央国术馆的体系具有重要意义。

（一）中央国术馆归属权的由来

中央国术馆建立之初，遭遇了归属问题的尴尬。中央国术馆，不仅是武术研究机构，其中还设有武术训练大队，培养武术师资。张之江认为中央国术馆理应归属教育机构，便向教育部提出申请备案，然而教育部以武术是已经被淘汰的产物，不需再提倡，坚不批准，虽经一再申请，最后只准属于民众团体，不属于教育系统[1]。张之江无可奈何之时，找到国民政府常务委员李烈钧。

---

〔1〕中央国术馆史编辑委员会编《中央国术馆史》，黄山书社，1996，第34页。

李烈钧与张之江是莫逆之交。李烈钧当场即拍板：教育部既然不承认，那就由国民政府直接领导，经费由国库开支，不足之处，自行筹措。

（二）中央国术馆办馆宗旨、任务和组织架构

1929 年颁布的《中央国术馆组织大纲》（以下简称《大纲》，图 3-2）明确指出，中央国术馆以提倡中国武术增进全民健康为宗旨。

《大纲》的第二条规定："一 研究中国武术；二 教授中国武术；三 编著关于国术及其他武术之图书；四 管理全国国术事宜"。[1] 围绕上述宗旨和工作内容，中央国术馆的主要活动大致有进行武术教学、举办国术考试、编辑出版武术著作和刊物等。

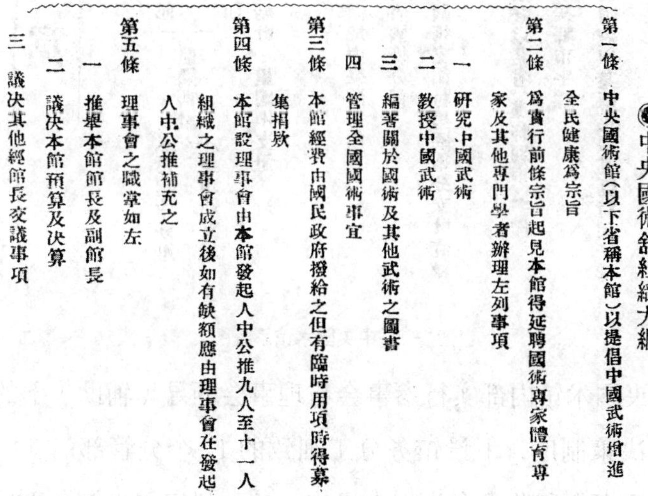
◉中央國術舘組織大綱
第一條 中央國術館（以下省稱本館）以提倡中國武術增進全民健康爲宗旨
第二條 爲實行前條宗旨起見本館得延聘國術專家體育專家及其他專門學者辦理左列事項
一 研究中國武術
二 教授中國武術
三 編著關於國術及其他武術之圖書
四 管理全國國術事宜
第三條 本館經費由國民政府撥給之但有臨時用項時得募集捐欵
第四條 本館設理事會由本館發起人中公推九人至十一人組織之理事會成立後如有缺額應由理事會在發起人中公推補充之
第五條 理事會之職掌如左
一 推舉本館館長及副館長
二 議決本館預算及決算
三 議決其他經館長交議事項

图 3-2 《中央国术馆组织大纲》

〔1〕释永信主编《民国国术期刊文献集成》第 8 卷，中国书店，2008，第 405 页。

《大纲》的第三条明确了中央国术馆运营的经费“由国民政府拨给之但有临时用项时得募集捐款”。

中央国术馆构建了自上而下的金字塔形的国术馆系统（图3–3）。在中央国术馆制定的规章中，明确规定国术馆系统由中央国术馆、省（特别市）国术分馆及市（县）国术支馆组成，突出中央国术馆的垂直领导地位，保障中央国术馆下达的任务得到较好的贯彻和执行，统一协调整个国术馆的运作。

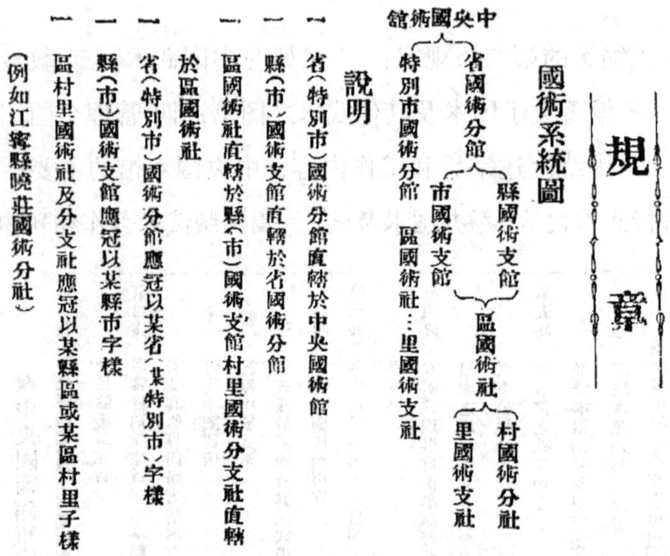

图 3–3 中央国术馆系统图

中央国术馆内部实行参事会与理事会领导（辅助）下的正、副馆长决策制度，下设馆务分工细致的 12 个分管部门。中央国术馆设理事会和监事会为权力机构，负责议定重大馆务事项。理事会是“协商、讨论、评议、商决问题的会议，或行使行政、司法、管理、协商等功能的组织”。中央国术馆规定，由发起人中公推九人至十一人组织理事会，成立后如有缺额应由理事会在发起人中公推补充之。理事会的主要职责有四项：第一，推举本馆馆长及副馆长；第二，议决本馆预算及决算；第三，议决其他经馆长交议的事项；第四，议决全国武术事项。

（三）中央国术馆的职能部门和办事细则

中央国术馆设馆长一人“总理本馆事务”，副馆长一人“辅助馆长掌理馆务”；中央国术馆建馆初期，教务方面分设少林、武当两门，负责组织、管理教学活动，门下设科。在拳种上将形意拳、太极拳、八卦掌列在武当门下，而其他拳种皆入少林门。这种分类显然存在很大弊端，加深了旧有的门派之见。另外，由于馆内的人事安排各有背景，再加上个别人从中挑拨煽动，终于酿成了武当门长高振东与少林门长王子平的徒手相搏，以及武当门科长刘印虎与少林门科长马裕甫两人的竹剑相斗。

为此，中央国术馆取消两门制，设置教务处掌理武术研究、教授等事务；设置编审处负责编著关于武术的图书；设置总务处掌理“本馆文牍经理等事务”；教务处、编审处、总务处“各置处长一人承馆长之命分掌各处事宜”；设秘书二人或三人承馆长之命佐理馆务；每处设科长、科员若干人，其人数就事务繁简而定。中央国术馆先后有多位著名武术家任职于三部门。初期以马良、刘崇俊、李滋懋分别为教务、编纂、总务三处处长；后由朱国福、吴俊山、吴翼翚、郝鸿昌、杨松山、李元智等先后任教务处处长，吴志青、唐豪、姜容樵等先后任编纂处处长，竺永华、陈家珍、陈寿康、庞玉森等先后任总务处处长。另设有社会教育、教材教学、运动裁判、武术学术四个委员会及考试、招生、出版、其他四个委员会。

《中央国术馆办事细则》（以下简称《细则》）是对中央国术馆职能部门的办事程序、职责要求的具体规定。它在第一条中明确规定“教务、编审、总务三处及秘书，其办事程序依本细则行之”，“处理日行事务，均须用馆令行之”[1]。它是中央国术馆作为一个社团组织得以有序正常运行的保障，也是中央国术馆最详细、具体的组织制度之一。

《细则》中对三大处的职责进行了详细梳理，对办事程序和办事效率做出了严格规定和要求。制度健全和保障有力使中央国术馆成立不久就进入良性运转。

中央国术馆成立不久，国民政府就通令各级行政区应立即组织设立相应国术馆机构，并且相应国术馆应推同级政府首脑（省主席、市长）兼任馆长，“或由省市政府及董事会推定资望相当者充任之”，然后由上级国术馆予以聘任，并报请中央国术馆备案。[2]在20世纪30年代初，各地纷纷成立了地方国术馆（社）。据不完全统计，截至1933年底，共有24个省、市成立了国术馆(不含此前已停办的江苏、湖北两省)，县设国术馆更多达300余所，许多区、乡（村）也成立了支（分）馆（社、所）。辐射全国的国术馆体系基本形成。

（四）中央国术馆馆训、馆歌和馆旗

中央国术馆十分重视武德教育，为此张之江亲自制定了馆训、

〔1〕释永信主编《民国国术期刊文献集成》第8卷，中国书店，2008，第412页。
〔2〕佚名：《省市国术馆组织大纲》，载中国第二历史档案馆编《中华民国档案资料汇编》第五辑第一编 文化（二），凤凰出版传媒集团凤凰出版社，1998，第975页。

馆规。馆训是“强种救国，自强不息”；馆规是“恢复国有技能，发扬民族精神，强身强种，自卫卫国”。[1]馆训、馆规既是办学理念、治校精神的凝练，又是广大师生遵守的基本行为准则与道德规范。它成为中央国术馆文化精神的核心。为了更好地发挥武术全方位的教育功能，张之江还亲力亲为制定了《国术歌》《国术同志歌》《国体校歌》《早起歌》《吃饭歌》等独具特色的各项规定。

《中央国术馆汇刊》上还刊登了中央国术馆馆旗，并写有《中央国术馆馆旗说明》一文，诠释该旗的设计内涵。

二、全国地方国术馆分支机构概况

国术馆体系是以中央国术馆为首，依政府行政手段逐级设立的覆盖全国的武术教育机构。省、市国术馆直辖于中央国术馆，县国术馆直辖于省国术馆，区国术社直辖于市、县国术馆，村、里国术社直辖于区国术社。

省、市、县国术馆实行董事会领导下的正、副馆长执行制度，区、村、里国术社实行董事会（规模较小的不设）领导下的正、副社长管理制度。国术馆作为政府机构所具有的时效性，加上其正、副馆长由军政要员或地方具有资望者充任的规定，使自上而下的国术馆网络成为有效的运输与保障机构（表 3-1）。同时，由于兼任地方国术馆馆长的往往是当地的军政要员，而当时军政要员的任职变动又极为频繁，因此，地方国术馆馆长和主要负责人的变动也十分频繁。如甘肃省国术馆于 1931 年成立，邓宝珊、

---

〔1〕中央国术馆史编辑委员会编《中央国术馆史》，黄山书社，1996，第 39 页。

林镜、马凤图是主要推动者。省政府政要邵力子、朱绍良、于学忠、贺耀祖、谷正伦等先后担任过馆长。邓宝珊、林镜、马凤图先后任副馆长。[1]后来，马凤图任青海省国术馆副馆长。

表 3-1 中央国术馆与地方国术馆正、副馆长名单及分支机构数量（1936 年 3 月）

国术馆名称	馆长	副馆长	分支机构数量
中央国术馆	张之江	钮永建、张树声	
四川省国术馆	李为伦	彭植光	44
河南省国术馆	陈泮岭	刘丕显	39
山东省国术馆	韩复榘	窦来庚	56
江西省国术馆	王冠英	胡炯	28
河北省国术馆	许兰洲	高仙云	17
安徽省国术馆	王成美		18
浙江省国术馆	苏景田		14
湖南省国术馆	何键	李丽久	16
绥远省国术馆	傅作义	吴桐	3
陕西省国术馆	周学昌	翁柽	12
青岛市国术馆	沈鸿烈	胡家凤	95
上海市国术馆	吴铁城	王孝宝、袁履登	6
天津市国术馆	张廷谔	王毅夫	4
汉口市国术馆	吴国桢	徐士金	
重庆市国术馆	潘文华	李西镛	5
南昌市国术馆	龚学遂		
甘肃省国术馆	于学忠	邓宝珊	
青海省国术馆	马步芳	马凤图	
广西省国术馆	白崇禧	王赞斌	
威海卫国术馆	沈溪桥	曲述之	
太原国术促进会	邱仰浚	朵珍五、华杰	5
昆明市国术馆	陆亚天	岳树藩	
荆州市国术馆	雷啸吟	王觐之	
北平市国术馆	秦德纯	许龙厚	

注：表中空白处为资料缺失或无法查实。

〔1〕马明达、蔡智忠:《民国时期的甘肃省国术馆摭谈》,《天水师范学院学报》2010 年第 1 期。

陈敦正在《国术大事辑要（续）》中对部分地方国术馆的组建予以记载："长沙市民众国术俱乐部，自湘主席何键发起筹备以来，已于九月十五日正式成立，除董事长由何键亲兼任外，并推定曹伯闻、刘建绪、张开琏、余籍传、李丽久、竺永华、向恺然等六十人为董事，其全部负责人经何主席兼董事长委定如下：（一）总干事为竺永华，（二）总务股主任干事为杜传之，（三）游艺股主任干事为李丽久，（四）教育股主任干事为刘洪杰"[1]；山东省国术馆于民国十九年（1930）成立，馆长韩复榘，副馆长窦来庚，设有教务处和事务处两个处，编审股隶属教务处，下设济南市等分社 29 处，县国术馆 41 处；绥远省国术馆成立于民国十九年（1930），馆长为傅作义，副馆长为吴桐。

地方国术馆的建立形式各不相同。有些地区原有的社会武术组织发展较完善，已经具备完备的组织结构。这样一些民间武术组织直接被当地政府接管后进行改造，成为地方国术馆。以河南省国术馆为例，民国初期，开封民间存在十余个武术社，如孟广泰、何福同的少林武术社，刘振兴的东大寺武术社，陈泮岭的青年改进俱乐部等。1925 年，政府公开提倡武术，陈泮岭也将青年改进俱乐部更名为河南武术社，公开推广武术。1926 年，陈泮岭回开封负责国民党党务工作，次年兼任河南省水利局局长。1927 年，冯玉祥带领北伐革命军进入河南，派韩复榘驻守河南，1928 年，韩复榘被委任为河南省政府主席。1929 年 6 月，韩复榘接到中央国术馆通知，委派河南省党务整理委员兼组织部部长陈泮岭，在河南武术社的基础上成立了河南省国术馆，并呈报中

〔1〕释永信主编《民国国术期刊文献集成》第 25 卷，中国书店，2008，第 23 页。

央国术馆报备。[1]河南省国术馆于民国二十年（1931）成立于河南开封，馆长为陈泮岭，副馆长为刘丕显。设秘书一人，总务、教务两科室。[2]

大多数地方国术馆的建立会因为规避原有民间武术团体的矛盾而另起炉灶，建立后再将当地各方民间武术力量团结起来。以青岛市国术馆为例。近代青岛是殖民者掠夺的主要对象之一，这里的社会矛盾较复杂，民间习武之风盛行。青岛最早的武术组织是张石麟、宋铭之邀请武术名家于1911年成立的中华武术会，但其由于各种原因很快凋零。马良于1920年11月移居青岛。1922年，济南的山东武术传习所解散，总教习韩慨生带领王子平、常秉毅、杨明斋、李存义等多人追随马良到青岛公开开馆授徒、传习武术，青岛习武之风渐盛，武术事业开始繁荣，多门派的武术内容促进了青岛武术的发展。1923年，韩慨生租借齐燕会馆礼堂，成立国技学社，以传授孙膑拳为主，这成为青岛武术人士最早研讨和传授武术的场所；王子平、沙吉福在芝罘路三江会馆组织了中华武术社，以教查拳为主；杨明斋在中学、小学开设了孙膑拳、查拳课程，也利用晚上的时间传授武术。螳螂拳拳师钟瑞臣、刘殿奎、张克勤等也在各自的住所附近设场传授武术，随之，一些教场发展起来了。

时任青岛特别市市长的马福祥临时租借馆陶路6号齐燕会馆的场地，于1929年9月成立青岛武术馆，并将武术馆纳入政府机构管理。马福祥任馆长，李郁廷兼任副馆长。由于没有固定的

---

〔1〕袁宇宁：《民国时期河南省国术馆研究》，硕士学位论文，郑州大学，2016，第20页。
〔2〕释永信主编《民国国术期刊文献集成》第25卷，中国书店，2008，第60页。

活动场所，武术馆租借商河路仓库做活动场所。1933 年，东北海军副司令沈鸿烈接任青岛特别市市长兼任武术馆馆长，胡家凤兼任副馆长。市政府出面集资在广东路 1 号建成主楼（三层）一座、平房三座，占地 3,000 多平方米的青岛市国术馆。楼四周均有大小不同的空地，设有沙坑、单双杠、拉力带、石锁、石担等训练辅助器材，当时这些设施、场地规模在全国属于一流水平。青岛市国术馆教员均为武术界名人，杨明斋、高凤岭、常秉毅、秘道生、尹玉章、纪炎昌、韩冠英等在此任教。青岛市国术馆还在全市建立了 173 个武术辅导站，当时青岛人口不到 40 万，竟有一万人在练习武术。武术教学内容丰富，不同拳种门派的代表性传人在此会聚，少林长拳：韩愧生、张鹏福、纪炎昌、张培狱；查拳：王子平、沙吉福、齐奇海、孙玉秀、徐杰三；孙膑拳：杨明斋、杨钧韶；太乙拳：高凤岭、王汇东、刘英华；螳螂拳：刘殿魁、王玉鹏、张克勤、郝恒禄、郝宾、李占元；地功拳：郝清桂、钟瑞臣、李忠先；形意拳：张占魁、田鸿业；八卦掌：张占魁、尹玉常、常秉毅；太极拳：田鸿业、纪炎昌。青岛市国术馆成为北方极具影响力的武术传承与发展的机构。

还有些地区虽然尚武之风浓郁，但受到旧武术宗派门户势力的影响，国术馆的建立几经周折，最终归于失败。以云南省国术馆为例，云南武术界最具影响力的是少林派武术，其代表人物为马仁山，他在清末就到云南传授大小红拳、退缩拳等。著名弟子有马家福、马秀灵、杨道一等。其后广东人姚得彪，云南本地人周如松、李仲凡、王炳章，四川人杨大伦、王焕臣，山东人李师友，湖南人陈玉泉，江西人林少云等都在云南开拳社收徒。再后来，来自北平的张静也在云南授艺，所教拳术有太极拳、八卦掌、通臂拳、形意拳，器械有六合刀、六合枪、夜叉棍、太极剑等。由于武艺精湛、从学者甚多，张静成立的云南太极拳术研究社在当地很有影响力，其弟子鲁道源、龙雨苍、安德化是旅长，曾竹溪是前宪兵司令官。原来其他门派的学生也多入社学习。由于有这几层复杂的关系，马仁山组织的云南太极拳术研究社并未公开招收学生；杨大伦、王焕臣私立的柔术学会也解散了；云南国术研究会虽也招生三届，但由于其缺少核心人物，且门户派系明争暗斗，各自为谋，最终失败。云南省国术馆所遇到的宗派门户争斗并非个例，只是云南国术界的内斗已严重到足以毁灭自身的地步，这实属罕见。云南籍学员窦云溪在《国术周刊》中评论："认清国术之宗旨及其使命，从而化除宗派门户之畛域，促进省国术馆之建立，始能蹈于正轨，走上光明之路。"〔1〕

第三节　中央国术馆及其全国分支机构教学活动的开展

一、中央国术馆教学活动的开展

中央国术馆成立后，迅速成为政府管理和推广武术的有效机构。其主要教学活动可以概括为组织各类教学，普及推广武术；培养师资队伍；组织武术训练、考核与比赛等。

（一）日常武术教学活动及短期培训

教育机构的主要职能就是开展教学活动，而课堂又是现代教

〔1〕释永信主编《民国国术期刊文献集成》第25卷，中国书店，2008，第31页。

育中教师传授知识技能的主要场所。在课程化建设过程中，中央国术馆也经历了艰难的探索过程。

建馆之初，中央国术馆按照当时社会上普遍流行的武术内外家流派分类法将教学组织分为两门：少林门和武当门。没多久就发生了两派内斗的恶性事件，张之江、杨松山等发现苗头不对立即予以制止。这一事件使张之江认识到这种课程分类方法不仅与国术馆“化除宗派门户之见，不分内家外家，取长补短，精益求精”的办学理念相冲突，甚至会人为制造矛盾。因此，他果断设立教务处，以取代少林、武当两个教学分组。

中央国术馆初期主要为定期的培训班，每期 6 个月，毕业成绩良好者由中央国术馆派往各机关及分馆任教，食宿方面均由中央国术馆提供。中央国术馆招收的首期教授班的 57 名学员，基本都是由各个省、市推荐来的。他们多数为当地名师所教，是当时各个门派的精英。经过短期培训，首批学员离开国术馆各奔前程，其中约 20 人去了国民政府的各个军、政重要部门。1929 年春，第二期教授班开班，其学员于当年秋季毕业。教授班前两期学员有较好的武术功底，短期培训后当年就可毕业任教，因此学制较为灵活。其后，随着办学经验的丰富和条件的成熟，中央国术馆将培训班学制改为两年，生源由中央国术馆自行招收和各省、市保送两部分构成。1930 年后，培训班学制增为三年并趋于稳定。初期的人才培养主要面向各机关和分馆。1932 年，张之江参加全国体育工作会议时，发现国内体育师资十分缺乏，为了满足国家需要，拟在中央国术馆内附设体育传习所。1933 年，经过多方协调，中央国术馆创建了具有师范性质的体育专科学校。

中央国术馆的常规教学工作是推广和普及武术。主要形式有以下三种：一是举办学习期限不等的各种培训班（所、队、社）及学校（表 3–2）；二是设立武术练习点，接纳并指导普通武术爱好者进行练习；三是指派教官和指导人员，分赴各省、市机关、学校辅导武术训练。

表 3–2　中央国术馆开设课程一览表

序号	班级类型	学制	培养对象及目标	起止时间	说明
1	教授班（重点招生班别）	六个月	为各地方国术馆培养教授人才	第一期：1928 年 5 月—11 月；第二期：1929 年 3 月—9 月；第三期：1930 年 6 月前毕业	共招收三期
2	初级教授班	六个月	培养学校武术师资；培养参加国际比赛的选手，造就军事搏击人才	第一期：1931 年 1 月—1932 年 6 月；第二期：1932 年 9 月—1933 年 1 月	共举办两期
3	女子教授班	六个月	女子武术师资	1932 年 9 月—1933 年 1 月	仅开设一期
4	师范班（公费班）	甲组一年；乙组两年			1933 年，中央国术馆体育传习所于南京孝陵卫成立后，中央国术馆于馆内另设师范班，后屡经更迭，自费生班于 1934 年更名为练习生班，1936 年 3 月前又改名为训练班或师范训练班
5	师范班（自费班）	三年			
6	民众练习班	三个月或六个月	凡欲学习武术者，不分性别均可参加	1928—1937 年常年举办	

续表

序号	班级类型	学制	培养对象及目标	起止时间	说明
7	国术研究班	三个月	南京市各机关男女职员以及地方士绅中有志研究武术者	1928 年	仅开设一期
8	假期练习班	假期	寒暑假期间举办各类学生武术练习班	从 1928 年开始，每年举办	

注：表中空白处为资料缺失或无法查实。

据不完全统计，1928 年至 1937 年，中央国术馆所办各类武术班级共培训学员三四千人（不包括 1933 年创办的体育传习所的学员）。中央国术馆还组建了中国最早的幼年班、成年班、女生班。其武术训练大队培养了中国最早的一批武术运动员。[1]

中央国术馆与社会互动十分频繁，外派教员、队员等日常活动通过信函往来并报备在案。据《中央国术馆历年派出学生及姓名其服务机关一览表》记载，从民国十七年（1928）派出张英亮、曹庆忠、于振声、马金彪四人任职于中央军校开始，派出人员共计 230 多人次；前往包括中央军校在内的各类军校、各省（市）国术馆、宪警队、陆军各师部、外交部、各类大中小学、卫生所等。还有学员直接进入禁烟委员会、考试院、蒙藏委员会、航空署等。

（二）中央国术馆的课程建设

课程建设是实现教学目标、完成教学任务最基础的保障。受军国民主义教育思想的影响，中央国术馆的武术教育目标始终摇

〔1〕释永信主编《民国国术期刊文献集成》第 24 卷，中国书店，2008，第 385 ～ 388 页。

摆于体育与军事之间，并偏重军事实用技能。

中央国术馆开设的课程内容包括如下内容。

术课：初中高级腿法、搏击、推手、军操、八卦掌、拳械、长短兵、太极拳、形意拳、棍术、摔跤、散手、翻子、戳脚、弹腿、青萍剑、三才剑、昆吾剑、龙行剑、猿臂棍、少林棍、群羊棍、新武术棍、梅花刀、八卦刀、苗刀、断门枪、六合枪、锁口枪、太师鞭、刺枪、劈剑、醉罗汉、醉八仙、醉拳、猴拳、擒拿法等。

学课：国文、地理、历史、算数、国术源流、生理卫生、军事学、音乐等。

选用的武术教材遵循实用、精良、适合军用、易学易练、利于战斗的原则。武术教材分为初级教材（练步拳、八极拳、形意拳、弹腿、摔跤），中级教材（摔跤、棍术、八卦散手、劈刀、刺枪、对刺枪、对劈刀），高级教材（对拳、搏击、太极拳、刀对枪、使用法、教授法）三个阶段，其他拳术、刀、枪、剑、棍以及不同器械的对战演练等列为课外补习。考试的最低标准是能够“手演口述”〔1〕。

中央国术馆时常与军界进行武术训练的业务交流。例如，国民党陆军第八十三师为培养军人的武术技能以充实该师战斗力，特聘请中央国术馆 7 名学员充当武术教员。而军队根据前线战斗需要对实用的武术技法进行改变和提炼，其成果也往往用于补充中央国术馆的教程。如以马凤图为首的军旅武术家，在“劈刀十二法”的基础上汲取“辛酉刀法”“单刀法选”等技法创编而成“破峰八刀”，实用性非常强，中央国术馆及时将其纳入训练

---

〔1〕释永信主编《民国国术期刊文献集成》第 25 卷，中国书店，2008，第 104 页。

体系，强化了武术技击教学的实用性。

（三）中央国术馆武术师资建设

中央国术馆高度重视师资队伍建设。为了增强师资力量，张之江不拘一格，唯才是举。中央国术馆教员的来源主要包括武术圈内名家推荐、全国登文征聘、民间推荐、从其他机构引进、举办全国国术考试选拔留用等多种方式。因此，中央国术馆聚集了当时最优秀的武术教员。

副馆长李景林之前是张之江的“宿敌”，张之江求贤若渴，“三顾茅庐”，李景林为之感动，出山协助张之江筹建国术馆。为了聘请教师，中央国术馆专门登报招贤。《请各省市征求在野国术人才举行登记通电》中道：

各省及市政府钧鉴，窃惟大造育材，何奇蔑有，深山大泽，龙蛇所出，况我神州，夙推雄武，当此刷新伊始，宜有魁拔之杰，应幸而生，敝馆成立以来，为振刷起见，对于此类人才，或悬弓旌，或明考试，提倡号召罔不尽力，诚恐耳目未周，搜罗难尽，野有遗贤，士或向隅，相应电请。

贵政府，对于境内，谙精技击人材，广咨博访，举行登记，克期完竣，并将登记册，寄送敝馆以便骥可按图，珠不遗海，国术前途，实深利赖，特此电达，即盼查照，施行为荷。中央国术馆理事长李烈钧、馆长张之江。[1]

劈挂拳名家郭长生就是看到中央国术馆招贤纳士的信息，与

〔1〕释永信主编《民国国术期刊文献集成》第24卷，中国书店，2008，第346页。

中央国术馆取得联系的。1928 年，郭长生被张之江聘请到中央国术馆教授苗刀，苗刀被列为该馆必修课。郭长生在中央国术馆期间培养了曹晏海等学生。

中央国术馆的教师也有民间推荐来的。1928 年，有一封落款为殷景纯的举荐信《致张上将之江馆长函》，举荐沧州籍武术拳师李凌霄。于振声等前去考察后，将其聘来中央国术馆教授昆吾剑，但其因故三个月后离职返乡。中央国术馆聘任的教员中还有来自其他机构的武术教官。

中央国术馆一线教师多数都是当时各流派名家，许多行政部门的员工也是当时武林中的名流，他们将各自的武术绝学奉献给中央国术馆。一线教师有：李景林传授李式太极拳、刀、剑、棍、推手；杨澄甫传授杨式太极拳、刀、剑、棍、推手；孙禄堂传授孙式太极拳、刀、剑、棍、推手；马永胜传授马式太极拳；高振东传授形意拳和武当拳械；王子平传授少林拳、摔跤；吴敬珉、严乃康传授日本刺枪、劈剑；那云清传授弓箭；吴俊山传授吴式太极拳、八卦掌、太极推手、六合棍；龚润田传授吴式太极拳；陈子明传授陈式太极拳；吴俊山和孙玉昆传授八卦门的拳械和擒拿；朱国福传授形意拳、拳击；黄柏年传授十二形；于振声、马金标传授查拳、弹腿；马英图、郭长生、郝鸿昌传授八极拳、劈卦拳、通臂拳、散打、技击等；张长信传授搏击；张宪伍传授八极拳；孙玉铭传授猿背棍；李玉山传授燕青拳、太师鞭；吴翼翚传授六合八法；毕凤亭传授摔跤和长拳；马庆云传授摔跤；刘鸿庆传授断门枪；徐宝林传授猴拳、醉拳；张本源传授查拳；王子章传授劈剑；李元智传授醉拳。

教务长萧忠国毕业于德国体育大学，德国军警体育大学肄业，与吴文忠合编并出版了《体育心理学》。

编审处处长唐豪是著名的武术史学家，著有《少林武当考》等多部著作，在中央国术馆的建制与改革中都起到了重要作用。

总务处负责行政、后勤、财会工作，处长先后由李滋懋、竺永华、陈家珍、陈寿康、庞玉森等担任，庞玉森兼任国术体育专科学校总务主任。

二、地方国术馆教学活动的开展

中央国术馆及地方国术馆在教学体系上体现了较好的一致性，但受到当时政治、经济和社会环境的影响，地方国术馆的建立和发展是极不平衡的。总体而言，地方国术馆的主要职能是建立下级分馆、分支机构、开办各类武术训练班和定期举行武术考试。一些地方国术馆的基础比较好，人才培养有序。

以湖南省国术馆为例。武术教学内容包括拳术、器械、各种功法和其他体育项目；有关军事的内容包括兵种分类和战斗要领、国防和军事交通知识、枪炮等武器知识介绍；理论部分包括生理卫生、道德培养和艺术修养类课程。开设班级类型有师范班、民众班、妇女班、特别班等，师范班学员通过自下而上推荐的方式入学，学费由所在县承担，学完合格颁发毕业证书，包分配。学校还对学习努力、执行优良者予以奖励。〔1〕

再以青岛市国术馆为例。青岛武术具有雄厚的群众基础，加之政府重视，是较早将武术纳入政府管理的地市。当时，各中小学增设武术课程，各工厂亦纷纷聘请武术教练，各级运动会也将

〔1〕释永信主编《民国国术期刊文献集成》第14卷，中国书店，2008，第152页。

武术列入正式比赛项目。1933 年 12 月，青岛市国术馆与市教育局通力合作制定《青岛市中小学国术课程标准》，允许各校自行聘请武术教员。1936 年 9 月，教育局颁布《推广学校国术训练暂行办法》《国术教员分区服务一览表》，国术馆选拔武术检定合格人员，教育局委派 28 人赴 91 所小学任教。1935 年，教育局推行中学学生体育毕业会考制度，增设武术科目，国术馆派员担任评判。此项制度实行三年，属国内首创。[1]

第四节 中央国术馆两次国术考试

《中央国术馆国术考试条例》（以下简称《条例》）是中央国术馆建馆之初就制定的规章制度中的重要内容。《条例》包括国术考试分级、各级考试的组织、考试资格、取中之名额、应考人数、考试日期、考试科目、考试方法、抽签对试法、评判委员长之聘请、评判标准、较力、应试者临场之仪式、受伤处理办法等内容。《条例》的出台是近代武术体育竞技化的革新举措，对推动武术运动规范化和普及具有重要意义。

一、中央国术馆第一次国术考试

中央国术馆第一次国术考试于 1928 年 10 月 15 日在南京公共体育场[2]正式开始，由中央国术馆馆长张之江主持，另外特

〔1〕王开文：《青岛武术研究之一 民国青岛武术概述》，《中华武术（研究）》2020 年第 1 期。
〔2〕释永信主编《民国国术期刊文献集成》第 9 卷，中国书店，2008，第 33 页。

聘谭延闿、李烈钧、张静江、于右任、蔡元培、李石曾、李任潮、李德邻、钮永建、薛笃弼为主试委员，李烈钧、马良、姚以价为评判长。国民政府对本次比赛高度重视，政府要员悉数赠匾赠联。蒋介石、戴季陶、何应钦、冯玉祥等分别演讲。

国术考试考场（图 3–4）布置犹如节庆一般，蔚为壮观。体育场门前高扎柏枝牌楼，缀以彩球，横联写“中央国术馆国考试场”，警察每队 8 人分站两边，试场内设有柏枝五彩牌楼一座，高悬“国术重光”横幅，两旁分悬“术有师承风虎云龙瞻手段”“人以类聚海天河岳见心胸”对联。

图 3–4　中央国术馆第一次国术考试考场

在开幕式上，张之江对这次国术考试的意义做了阐释：

（一）我国重文轻武，勇士武夫，无由进取，以致流落江湖，埋没草莽，实堪怜悯，非从事考试何由而知，所以集合全国国术界同志，为对内比试。（二）德法英日等国，无不注重体育，并有来中国比武者，我国固有国术，实超过各国，如无整个组织，郑重比试，不能对付，可耻孰甚。所以考取人才，有对外比赛之准备。（三）锻炼身体，日增强健，不有比试，难期进步，但身强而后种强，种强而后国强，国强而后无外侮，所以比试图强，为打倒帝国主义，废除不平等条约之基本。总之要点有三，端赖一致，最后胜利，始属吾人。[1]

在第二日的致辞中，张之江特别强调："此次考试，含有重要意义，不可作游艺之观，希望国考同志皆要明白。"[2]

参赛人员由国民政府通电全国从县逐级选拔，最后由17个省、特别市按分配名额组队参赛。中央国术馆作为一个单位，直接选拔代表参赛。报名参加第一次国术考试的共400多人。

比赛分为预试和正试。预试采用单练比赛法，根据考试人员所报项目，分别依次进行，由评判员判定成绩等级，评判员由教育专家、武术专家及体育专家等多人组成，且考试评判方法采用合议制[3]。比赛时，先由中央国术馆选手比试，以便其他参赛者效仿，每组8人，采用淘汰法。预试拳脚、摔跤和持械三个项目时，以60分为合格，两项合格的选手，方可参加正试，且参赛者预试分数不计入正试成绩，所有考试信息均在报纸上登载。

正试共分三试：第一试采用循环赛，将考试人员每5人至10人编为一组，分试拳脚、摔跤和持械三项。凡能在本组内胜4人以上者，视为及格，及格人数根据各项目参加人数比例临时确定，具有较大的灵活性。第二试由及格者每两人对试（对抗），胜者为优等。第三试由优等者每两人对试，胜者为最优等。

---

〔1〕释永信主编《民国国术期刊文献集成》第9卷，中国书店，2008，第21页。
〔2〕释永信主编《民国国术期刊文献集成》第9卷，中国书店，2008，第23页。
〔3〕佚名：《国术考前之准备》，《申报》1928年10月15日。

正试时拳脚和持械两项比赛采用两人对试，五局三胜制（一方被击中时，双方即停止交手，是为一局），倘若五局完毕，胜负不分者，改日再试。摔跤采用三局两胜制（一方被摔倒或双方互倒者为一局）。拳脚和持械两项对试，以先击中重要部位（头、胸腹、咽喉、腋肋）者为胜，同时击中为平局，禁止击打禁击部位（肾、阴），持械项目参赛者要求头戴铁丝面罩，所用器械均由藤条取代，且用皮质包棉护手。比赛时，参赛选手除眼、喉、裆部外，可击打对手其他任何部位[1]，倒地者为负。特考科目规定，凡能提起重物480斤自然到达胸部，或举双石砘260斤过头顶自然行走者，授以“力士”褒奖。参加特考科目的选手，需提前在点名处登记，方可参加考试。

报名的400多名参赛人员中，除去预考不合格淘汰下去的和弃权的以外，最终333人参加对抗赛。国术考试还增加了一项“三民主义”的笔试内容。

比赛十分激烈，观看比赛的人非常踊跃。1928年10月18日新闻记载观众之热烈：“是日亦为正式比赛，参观者故较第一日多。党国要人若谭延闿、张静江、李济深、何应钦、褚民谊、薛笃弼、廖斌、王伯群、钮永建、张乃燕、叶楚伧等每日临场监视。各界来宾数万人，自晨至暮兴趣百倍，饥渴俱忘，诚空前未有之热烈情况也。”[2]

为了举办好这次比赛，比赛组委会还专门定制了比赛纪念章

---

〔1〕国家体委体育文史工作委员会、中国体育史学会编《中国近代体育史》，北京体育学院出版社，1989，第278页。
〔2〕国家体委体育文史工作委员会、中国体育史学会编《中国近代体育史》，北京体育学院出版社，1989，第58页。

（图 3–5）和证书（图 3–6）。为了嘉奖此次比赛的获胜者，考试院院长戴季陶准备银质奖品 15 份；宋子文准备铜质奖品 10 份；冯玉祥以中央国术馆理事会会长的名义，为大会最优等者备好了 15 份奖品——新式刀剑皮箱：皮箱内装有手工毛绳卫衣，蓝缎白字优胜旗，绣“优胜纪念”四字，及枪头红缨等件。此次奖品皆刻名捐赠。经过几轮对抗淘汰，最后剩下 17 名最优等者，这 17 人没有继续比赛。其原因：一是这次国术考试拟定选 15 名最优等者以充实中央国术馆，不分胜败名次，便于在一起共事；二是会期已到，怕大量超资无法解决；三是从对抗形式来看，比赛越打越激烈，后续均为强者，互施绝技，恐出伤亡事故。因此，没有继续比赛。原定取 15 名作为最优等者，且只提前备好了 15 份奖品，于是由张之江馆长出面做说服动员工作，将郭长生、杨松山两人列优等榜首，除享受优等奖励外再以冯玉祥的名义各加赠龙泉宝剑一把。

图 3–5　第一次国术考试纪念章

图 3-6 第一次国术考试合格证书

最终，最优等者 15 名，即朱国福、王云鹏、张长义、马裕甫、张英振、窦来庚、杨法武、杨士文、顾汝章、王成章、朱国祯、张维通、朱国禄、马承智、胡炯。

优等者 37 名，即郭长生、杨松山、熊维燕、卢傧、张世德、刘丕显、李先五、寇运兴、郭运昌、江精武、王德元、刘守铭、杨宗山、沃云兴、佟忠义、张文发、包刚、李连仲、岳奇吾、马华甫、姚启双、李汇亭、胡凤山、李连恒、武镇库、康德灏、刘占斌、马成鑫、谌祖安、向武、吴桐、李庆兰、郭世铨、李学义、韩化臣、马英图、鲍仁兰。[1]

优等拟取 30 名，最终取了 37 名，它不受奖品限制，所以就保留了 37 名。

中等者 82 名。知名的武术家万籁声、柳印虎、王维翰、孙玉铭、余国栋、孙玉山等均在中等之内。

〔1〕释永信主编《民国国术期刊文献集成》第 9 卷，中国书店，2008，第 51 页。

二、中央国术馆第二次国术考试

第二次国术考试原定于1930年举行[1]。第一次国术考试圆满结束，经过这次比赛，中央国术馆有了一定的经验。举办一场全国性武术比赛需付出巨大的人力、物力，为此，中央国术馆通电全国，将国术考试改为两年一次。由于社会动荡，1930年第二次国术考试并未如期举行，而1931年九一八事变爆发，1932年“一·二八”事变爆发，使得国术考试一再延期。后来，张之江呈报国民政府，第二次国术考试定于1933年10月16日举行。

第二次国术考试从1933年7月24日开始筹备，成立以张之江为主任，钮永建、张树森为副主任，李滋懋为总干事，张瑞堂、庞玉森为副总干事的筹备委员会。并决议由姜容樵、郭锡三、杜庭修三人对国术考试细则进行修订。该细则对国术考试的有关事项做了详细而具体的规定，并在两个多月的时间里经过筹备委员会的八次会议逐项落实。经考评委员会两次会议决议，第二次国术考试于1933年10月20日至30日在南京公共体育场举行。共有湖南、湖北、河南、河北、山西、山东、江西、福建、浙江、贵州、绥远等省以及北平、天津、青岛、重庆、汉口、上海、南京等市和中央国术馆计429人（其中女子9人）参加。出席开幕式的有蒋介石、汪精卫、林森、冯玉祥、李烈钧、蔡元培、于右任、孔祥熙、何应钦、孙科等。考试委员长由戴季陶担任，张之江、钮永建任副委员长；评判委员长由李烈钧担任，张之江、何键任评判副委员长；其下设总裁判1人（由张之江兼任），副总

〔1〕释永信主编《民国国术期刊文献集成》第23卷，中国书店，2008，第316页。

裁判 2 人。第二次国术考试较第一次国术考试在各项服务上做了更为充分的准备（图 3-7）。

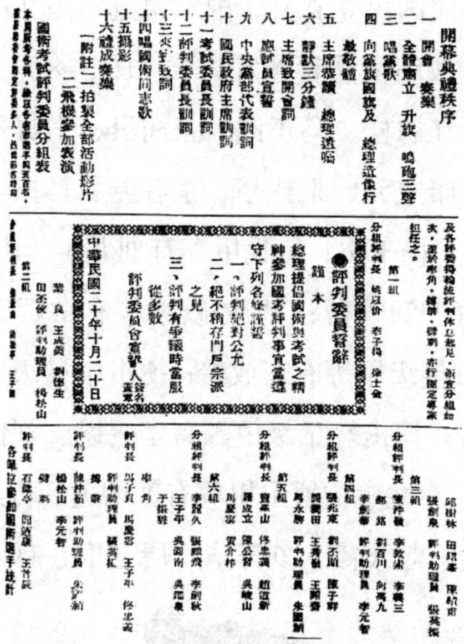
開幕典禮秩序

一 開會 奏樂

二 全體肅立 升旗 鳴砲三聲

三 唱黨歌

四 向黨旗國旗及 總理遺像行最敬禮

五 主席恭讀 總理遺囑

六 靜默三分鐘

七 主席致開會詞

八 總評員宣誓

九 中央黨部代表訓詞

十 國民政府主席訓詞

十一 考試委員長訓詞

十二 評判委員長訓詞

十三 來賓致詞

十四 唱國術同志歌

十五 攝影

十六 禮成奏樂

［附註］一 拍製全部活動影片

二 飛機參加表演

國術考試評判委員分組表

評判委員誓辭

謹本

總理提倡國術與考試之精神參加國考評判事宜當遵守下列各條謹誓

一、評判絕對公允

二、絕不稍存門戶宗派之見

三、評判有爭議時當服從多數

評判委員會宣誓人簽名蓋章

中華民國二十年十月二十日

图 3-7　中央国术馆第二次国术考试开幕典礼秩序和裁判分组

这次考试基本上依据《条例》及其细则进行，九个项目包括拳术、器械枪术（对抗性）、刀术（对抗性）、剑术（对抗性）、棍术（对抗性）、摔跤、搏击（拳击）、劈剑（格斗对抗）、刺枪（格斗对抗），每个项目均制定了详细的竞赛规则。以拳术的细则为例。拳术细则共分为六节：第一节为拳术试合（总则）；第二节为拳术胜负之标准（判定胜负方法）；第三节为拳术得点之标准（得分标准）；第四节为拳术减点之标准（减分标准）；第五节为拳术犯规之标准（犯规行为及其处罚）；第六节为拳法优劣之判罚（技术合理性判定）。可以看出，第二次国术考试的项目设置已经完全具备竞技体育项目的特征。除了上述对抗性比赛，第二次国术考试细则还专门设置了国术表演总则，对表演项目的评分办法进行了详细说明，在此不赘述。

第二次国术考试的各单项成绩均按照甲、乙、丙、及格分为四等。每等又按照国民党党义、国术源流和国文三个单项的平均成绩进行排名。成绩优秀者颁发奖章（图 3-8）。拳术甲等有林秉礼、张英健、江志桂、马正武、张润淇、李成希、陈宪法、周子和、买长春、康宝元、朱耀亭、李春芳、马振华；长兵甲等有李崐山、刘连生、杨士杰；短兵甲等有刘九生、唐华初、李后俊、李子聪、王得清、阎善益；[1] 摔跤甲等有常贺勋、张登魁、沈友三；[2] 搏击重量级甲等有李成希；搏击中量级甲等有王景伯、刘成章、刘再兴；搏击轻量级甲等有李锡恩、刘俊、胡崐、张少卿、赵鹤鹏。[3] 女性拳械搏击甲等有郭增莲、蒋慧娴、范之芳、高师贞、孙如兰、赵飞霞、刘玉华、唐文玉、赵云霞。

图 3-8　第二次国术考试奖章

[1] 释永信主编《民国国术期刊文献集成》第 23 卷，中国书店，2008，第 341 页。
[2] 释永信主编《民国国术期刊文献集成》第 23 卷，中国书店，2008，第 341 页。
[3] 释永信主编《民国国术期刊文献集成》第 23 卷，中国书店，2008，第 341 页。

中央国术馆组织的国术考试是民国时期的重要事件。第一次国术考试适逢1928年东北易帜，国民政府从形式上统一中国。蒋介石在《发起倡导国术之本义》一文中写道："……均落人后；然以国民忽视体育，缺乏训练，失其竞争之工具，实为最大原因……国术者强身健体之捷径，且有自卫之功能，为我先哲特创之技击，方法途径，别具神妙。其超捷灵变之姿态，解脱搏击之神通，非他邦所能企及……先总理曰：'无论个人或团体，或国家，要有自卫之能力，方能生存'。中正深信强国必先强种，强种必先强身。"〔1〕从这个意义上来看，国术考试是检验国术馆体系完成"自强强种，自救救国"任务的一次大考。

尤其是这一时期的喜峰口战役和淞沪抗战中，有过武术训练的军队的良好战绩极大地鼓励了中央国术馆全体师生。中央国术馆的培养目标也更加贴近"御外辱，雪国耻"的备战方向。张之江说道："大概凡经前届考过的同志，本届复来参加，必定越发能够表现惊人的成绩，至于初次应考的同志更应如睡狮初醒，英勇百倍。"〔2〕因此，中央国术馆的教学评价中始终贯穿着各种检验实战能力的考核，不仅有年终考核，亦有季考、月考。实战考核成为推动中央国术馆"打练结合"的基本教学模式。武术的实战技击价值在中央国术馆得到了弘扬。

为了进一步推动"练为战"的教学理念，第二次国术考试依据1929年制定的《条例》和细则开展竞赛活动，新增了评分细则，在项目方面增设了搏击比赛和女子对抗比赛。对抗多了必然容易

---

〔1〕释永信主编《民国国术期刊文献集成》第11卷，中国书店，2008，第95～96页。
〔2〕张之江：《告第二届国术国考同志书》，载中央国术馆编审处编《中央第二届国术国考专刊》，中央国术馆编审处，1933，第219页。

受伤，因此细则要求在安全方面增设护胸、护腿等护具来保障运动员的安全。强调“点到为止”，更加符合运动比赛要求，即在比赛中用手、肘、脚、膝击中对方任何部位时要点到即止，并对比赛的器械进行包裹处理以避免出现受伤的情况。

这两次国术考试大胆借鉴了西方近代体育的比赛方法，制定和实践了武术拳械单练与对搏的竞赛规则，是近代武术体育化发展的重要转折点，也是武术由传统师徒传承模式向体育化方向发展的新起点。

第五节 浙江国术游艺大会与上海国术擂台比赛

除了中央国术馆的两次国术考试外，民国时期较有影响的武术对抗性比赛还有浙江国术游艺大会和上海国术擂台赛。这两次比赛虽然不是中央国术馆组织的比赛，但这两次比赛介于两次国术考试之间，且比赛的理念与两次国术考试相同，都强调武术的对抗性。两场比赛在国内也产生了广泛而深远的影响，具有较高的史料价值。

一、浙江国术游艺大会

时任浙江省政府主席的张静江同时兼任浙江省国术馆馆长，他认为“浙民文弱沿袭成风，非提倡国术不足以资挽救而图奋兴。但国术之振导又非一时一人之力所能奏效。爰倡议征集全国国术名家来浙比试。一方以观吾国国术已到如何程度，一方即以引起浙人对于国术之热度与兴趣”[1]。于是在民国十八年（1929）浙江省政府第223次会议上提议并通过开办浙江国术游艺大会，并成立国术游艺大会筹备委员会和相应办事机构。

聘请时任中央国术馆副馆长的李景林为筹备委员会主任，褚民谊、孙禄堂为副主任，并租赁西湖友常别墅和西笑旅社为筹备委员会临时居住和办公场所。

评判委员是著名武术家杨澄甫、吴鉴泉、许禹生、黄柏年、刘崇俊、杜心五等26人。检查委员包括孙存周、佟忠义、高振东、李书文、窦来庚、赵道新、韩其昌、叶大密、陈微明、万籁声、朱国福等37人。

9月27日，筹备委员会以张静江的名义致函各省政府，致函内容是关于11月10日举办浙江国术游艺大会的通知和参赛事宜的相关说明。

这次大会的会址设在杭州市内旧藩司前学宫的广场上，并且搭起正式的比赛台。比赛台的图样由李景林亲自批阅。比赛台为长方形，高1.33米，宽20米，长18.67米，台后有评判席，台前有观众席，左右有优待席。整个比赛场可以容纳20,000余人。

11月16日上午9时，游艺大会在军乐声中开幕，张静江、朱家骅、李景林、孙少江、孙禄堂等先后致辞，武术界名流及社会各界人士上万人参加。开幕式后各式拳术套路演练开始。此次拳术套路演练从16日上午开始直至20日上午结束，内容极为丰富，李景林（太极剑）、孙禄堂（形意拳）、吴鉴泉（太极剑）、田兆麟（太极拳）、佟忠义（花功拳）、朱国禄（形意拳）、杨

---

〔1〕释永信主编《民国国术期刊文献集成》第13卷，中国书店，2008，第223页。

松山（龙形剑）等，也先后登台展示。

这次游艺大会报名比试（打擂台）的选手有 109 人，实际参赛 99 人。分成四组，按照赛前既定比试细则进行比赛。

比赛分组采用摇珠法，对手的确定采用现场抽签的方法，抽签数字相同的双方进行比赛；同时为了防止弱弱侥幸和强强早伤，采用双淘汰的方法。比赛不分级别，不准用头盔、护胸、护裆、护膝、护肘、拳套等护具，同时规定不准挖眼、扼喉，不准击太阳穴，不准取裆；另外，还要求所有参加擂台赛的选手必须参加拳械表演。擂台比赛最初规定，比试的次数以三次为限，比试的时间以三分钟为限。比试以三局两胜决定优胜者，如果在规定的时间内不能决出胜负，休息两分钟后继续比赛。比赛一天后，因为胜负的判定标准不明确，所以调整比赛规则，规定双方比试以跌倒为负。当双方都未跌倒时以自认不能支撑、心甘情愿认输者为负。如果双方比试四分钟还不见胜负，休息两分钟后继续。如果仍然不能分胜负，则为平手。修改规则后，由于双方平手后都可进入下次比赛，导致一些人消极比赛，同时比赛中很多人互击头面，产生了很多损伤，所以李景林在比赛的第八日增订比赛规则，规定比试人员不准互打头面，比试时不准言笑，一律只准比试十分钟，过期无胜负取消比试资格。等到了 26 人的决试时，除了不能挖眼、扼喉、抓阴、打太阳穴外，拳脚完全放开了。

浙江国术游艺大会的比赛规则与中央国术馆国术考试的完全不同。最初规则很不完善，但比赛组委会能根据比赛中出现的问题及时进行调整和增订，体现了较强的执行力。经过这次武术的实战比赛，武术擂台赛的基本框架与比赛规则基本形成。浙江国术游艺大会是武术竞技化之路上非常有益的探索。

浙江国术游艺大会比试对阵及成绩表见表 3–3。

表 3–3 浙江国术游艺大会比试对阵及成绩表

序号	第一轮抽签与胜负	负轮胜方	第二轮抽签与胜负	负轮胜方	第三轮抽签与胜负	负轮胜方	第四轮抽签与胜负	负轮胜方	第五轮抽签与胜负	决赛
一组	斐显明（负 5）	斐显明	张孝田（负 4）		宛长胜（胜）		张孝田（负 1）		宛长胜（负 2）	胡凤山（负）
	尚振山（胜）		宛长胜		岳侠（负 2）		朱国禄（胜）		朱国禄（胜）	朱国禄（胜）
二组	曹晏海（胜）		韩庆堂（负 4）	韩庆堂	马承智（负 2）	马承智	章殿卿（胜）		王子庆（胜）	曹晏海（负）
	祝正森（负 5）	祝正森	曹晏海		胡凤山（胜）		王子庆（负 1）	王子庆	韩庆堂（弃 1）	章殿卿（胜）
三组	林定邦（弃）		岳侠		韩庆堂（胜）		高作霖（负 3）		曹晏海（胜）	胡凤山（负）
	宛长胜（胜）		祝正森（负 2）	祝正森	赵道新（负 1）		胡凤山（胜）		章殿卿（弃 2）	王子庆（胜）
四组	章殿卿（胜）		高作霖		祝正森（负 3）		马承智（胜）		马承智（负 1）	章殿卿（负）
	马金标（弃）		尚振山（负 3）		章殿卿（胜）		韩庆堂（负 2）	韩庆堂	胡凤山（胜）	朱国禄（胜）
五组	袁伟（负 1）		胡凤山		高作霖（胜）		曹晏海（胜）			曹晏海（负）
	高作霖（胜）		李庆澜（负 2）		曹晏海（负 1）	曹晏海	宛长胜（负 3）	宛长胜		章殿卿（胜）
六组	朱国禄（胜）		张孝才（负 1）	张孝才	张孝才（负）	张孝才（补）	祝正森（补 2）			王子庆（胜）
	纪雨人（负 2）		王子庆		王子庆（胜）					朱国禄（负）

续表

序号	第一轮抽签与胜负	负轮胜方	第二轮抽签与胜负	负轮胜方	第三轮抽签与胜负	负轮胜方	第四轮抽签与胜负	负轮胜方	第五轮抽签与胜负	决赛
七组	胡凤山（胜）		章殿卿（负 3）	章殿卿	朱国禄（负 3）	朱国禄				章殿卿（弃）
	闻学桢（负 4）		赵道新							王子庆（胜）
八组	王子庆（胜）		朱国禄（负 1）							
	韩庆堂（负 1）	韩庆堂								
九组	李庆澜（胜）									
	王云鹏（负 4）									
十组	岳侠（胜）									
	赵道新（负 3）	赵道新								
十一组	张孝田（胜）									
	董殿华（负 3）									
十二组	张孝才（负 2）	张孝才								
	马承智（胜）									

注：高守武、邱景炎抽签未到，受伤弃权；每一轮重新抽签，人不足补上配对；弃权可以再上。

此次比赛的特刊对每日每场比赛的细节都进行了详细报道。比赛于 11 月 28 日结束，王子庆在闭幕式上发表演讲。除了阐释本次参赛的目的和意义，他还将本次比赛冠军所获奖金 5,000 元（王子庆在中央国术馆月工资为 36 元）分给优胜的 26 人，希望大家为武术共同努力。李景林、朱家骅等组委会领导在闭幕式发言中对这一美德高度评价。浙江国术游艺大会除了比赛，还在组织活动策划、宣传、学术交流和会务安排等方面做了许多新的尝试，尤其是赛事报道、学术交流、摄影留念和发行特刊等，为后来者的研究提供了珍贵而翔实的资料。

二、上海国术擂台比赛

举办上海国术擂台比赛的目的之一是解决南方灾民过冬资金及给慈善机构筹集善款，发起人为李景林和上海大亨黄金荣、杜月笙、张啸林等。

上海国术擂台比赛原定于 1929 年 12 月 18 日至 1930 年 1 月 5 日在上海法租界亚尔培路逸园内举行，后来由于天寒路远，12 月 23 日后转到云南路口的上海舞台举行。此次比赛仍由李景林任筹备委员会主任，裁判人员也几乎为浙江国术游艺大会的原班人马。这次比赛的奖金也格外惊人，前 12 名选手的奖金共为 13,000 元，第一名奖 3,000 元，第 12 名也能获得 500 元。因为组织者承担所有参赛者的食宿费用，所以 12 名以后的选手不再给予奖励。

由于参加过浙江国术游艺大会的人员基本都参加了上海国术擂台比赛，而且那些因为路途遥远没有赶上浙江国术游艺大会的来自云南、新疆、贵州等地的选手也参加了这次比赛，所以人数较多，共计 141 人，比赛时间从 1929 年 12 月 18 日一直持续到

1930 年 1 月 7 日，其中有三天因雨停赛。

上海国术擂台比赛的规则基本沿袭了浙江国术游艺大会的规则，略微变动之处为：第一，主办方提供全套的比赛服装，不再由个人置办，比赛时选手身着白衣红腰带或灰衣白腰带以进行区分；第二，选手进入等待区后，裁判员第一声鸣哨，选手进入台中指定地点，第二声鸣哨，选手相互各鞠一躬，第三声鸣哨，比赛才正式开始；第三，比赛分为三局，每局三分钟，局间休息三分钟；第四，比赛三局不分胜负，转天重新抽签比赛，不再进行两人之间的重赛；对于消极比赛、两分钟不主动进攻者，则被判失败。

值得一提的是，本次比赛不再设表演赛，直接通过抽签进入擂台比试的对抗赛。除了不能挖眼、扼喉、抓阴、打太阳穴外，几乎可以使用任何技术，比赛自始至终都允许击打头部，所以这次比赛更激烈。

上海国术擂台比赛最终取前 12 名为获奖者，比赛名次为：第一名曹晏海、第二名马承智、第三名张熙堂、第四名章殿卿、第五名李树桐、第六名张英振、第七名高守武、第八名袁伟、第九名韩其昌、第十名张长信、第十一名郭世铨、第十二名李成希。经过浙江国术游艺大会与上海国术擂台比赛，武术擂台赛的规则基本定型。

上海国术擂台比赛闭幕式颁奖仪式上，感人的情况再次出现：曹晏海、马承智、张熙堂三人代表所有获奖选手，将 13,000 元的奖金全部捐献给灾民及慈善机构。

第六节 中央国术馆及各地方国术馆的学术研究

中央国术馆围绕如何更好地办学校下了许多功夫，进行学术研究无疑是其中浓墨重彩之笔。中央国术馆及各地方国术馆的学术研究主要围绕下述几个方向展开。

一、创编武术教材、创办学术刊物

（一）中央国术馆的教材建设及创办刊物

创办学校落实教学目标，教材建设是重中之重。为了满足课堂教学的需要，中央国术馆开班之初就开始谋划教材建设。教材建设是一个长期的过程，不可能一蹴而就。因此，中央国术馆除了借鉴“中华新武术”和精武体育会已有的《谭腿》[1]《五虎枪谱》等教材，还动员第一批学员中的武艺佼佼者在传授武艺的同时进行教材创作。中央国术馆对教材建设进行了规划。为了将当时各拳派代表人物撰写的其所擅长的传统武艺精华和跌打损伤类教材引进中央国术馆，以供日后培训所用，当时中央国术馆多方与大批民间武术家沟通，并将其技艺引入中央国术馆。经张之江、李景林等邀请，冯玉祥、于右任等一批军政要人反复研讨，最终确定 12 个拳械套路、3 个对截（对练）套路、两类功法、两项特绝技术、5 套救伤诊疗（国医、国药）教材作为中央国术馆首期教授班的第一批必修教材（至于第二、第三批讲义，则同时着手编录供审）。

中央国术馆建馆之初，即设立编审处，将学术研究作为推动

〔1〕谭腿：同“弹腿”。

武术发展的核心工作。编审处的工作是编辑武术教材、武术报纸杂志以及其他编审事项，审查武术图书、武术术语名词，图书保管，宣传武术。其先后创办刊物《中央国术馆汇刊》（1928 年 7 月创刊）、《中央国术旬刊》（1929 年 10 月—1930 年 3 月）和《国术周刊》（1930 年 4 月—1936 年 5 月）。于右任等还为《中央国术馆汇刊》题发刊词（图 3–9）。

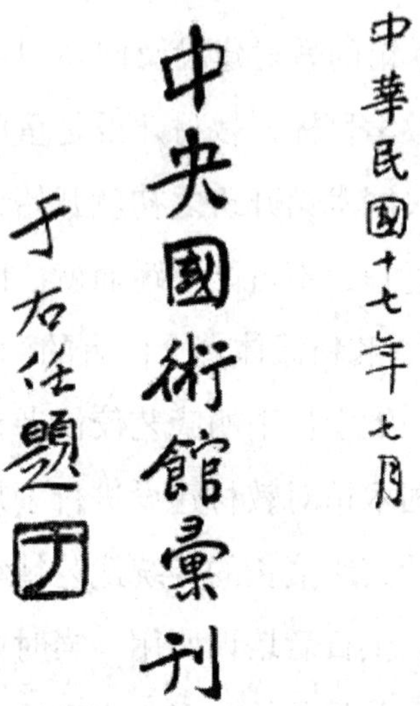

图 3–9　于右任为《中央国术馆汇刊》所题发刊词

《中央国术馆汇刊》的创办，解决了国术馆教材短缺的燃眉之急。许多国术馆教材就是依托馆刊应运而生的。如李元智、吕光华所著《梅花单刀》，钱竹坡所著《八卦刀》，孙锡堃所著《八卦游身掌》《六路戟》，胥以谦、金一明所著《八极拳》，胥以谦所著《穿拿拳图说》《三才剑》《太极元功》，郭世铨所著《搏击》，许笑羽所著《查拳（第四路）》《春秋刀》，赵连和等所著《冲捶口令》，武夫所著《大刀术》，龚建堂所著《弹弓》，金之铮所著《点穴法及救济法》，郭寿臣所著《跌打擒拿法》，金蝉子所著《浑圆一气功》，田镇峰所著《形意拳》《技击漫谈》《实剑》，许厚陵所著《剑术基础教练》，吴俊山所著《联珠刺枪术》，吴翼翚所著《六合八法》，张玉峰所著《六合枪》，弘毅所著《拧棒》，吴志青、刘崇俊所著《七星剑》，王毅夫所著《奇枪》，胡维昆、黄葆荷所著《青萍剑要旨》，董俊所著《少林五行柔术谱》，金警钟、孙锡堃所著《太极功解》，沈家桢所著《太极拳学》，吴鉴泉所著《太极十三刀》，阎德华所著《太极玄门剑》，张秀林所著《通臂拆拳》，张之江所著《新编练步拳图说》，黄维庆、陈子正所著《行拳》，朱国福所著《形意六合拳》，许绂会所著《岳氏连拳》，吴彦青所著《岳氏散手讲义》，孙玉朋所著《子母鸳鸯钺》，张本源、吴志青所著《四路查拳》等，其中还有许多未署名教材。

中央国术馆还涉及武术理论相关教材建设，如李影尘所著《国术概要》，许小鲁所著《国术教学法》，金一明所著《国术教学法大要》《国术史》，许禹生所著《国术理论》《国术史》，张桐轩所著《国术十讲》，马步周所著《国术史料》，唐豪所著《国术文献集成》，姜容樵所著《国术源流》，黄葆荷所著《国术运动的生理分类》，邱仰浚所著《武德训练纲要草案》，吉田章信所著《运动生理学》等，初步具备了武术学科的框架体系。

（二）地方国术馆办刊

地方性武术组织的建立极大地调动了广大民众的习武热情，地方国术馆所办刊物也大量涌现（表 3–4）。

表 3-4　地方国术馆武术期刊统计表

序号	地方武术期刊名称	创刊时间	创刊机构	创办人或主编
1	体育 体育丛刊	1912 年 1924 年	北京体育研究社	许禹生、郭志云、葛馨吾、延曼生
2	浙江省国术馆月刊	1929 年	浙江省国术馆	张静江
3	江苏省国术馆年刊	1929 年 7 月	江苏省国术馆宣传科	孙禄堂、钮永建
4	国术周刊（天津）	1935 年 2 月	天津道德武学社	金警钟、郭寿臣、孙锡堃
5	浙江国术游艺大会汇刊	1928 年	浙江省国术馆	张静江
6	国术半月刊（上海）	1932 年	上海扬武国术会	刘福民
7	国术半月刊（湖南）	1932 年 5 月	湖南国术训练所宣传科	万籁声
8	鄞县国术馆一周纪念刊	1931 年	鄞县国术馆	乌一碟、于凤园、吴涵秋、庄蝶魂、谢凤鸣、徐道仁
9	山西国术体育旬刊	1934 年 8 月	山西省国术促进会	马耐冬、陈兴邦、任舒平
10	国术声（月刊）	不详	上海市国术馆	唐豪
11	国术半月刊（天津）	1934 年 4 月	天津国术馆编辑科	黄葆荷
12	国术战迹	1936 年	山东济南实验健康学社	田弘毅、马志然
13	求是季刊 求是月刊	1934 年 10 月 1935 年 2 月	山东济南实验健康学社	韩超群、徐哲东、田镇峰
14	侠魂	1936 年 9 月	山东济南实验健康学社	马慕澄、田敬农、宝奉三
15	国术月刊（陕西）	1939 年	陕西省固县国术研究会	高翰湘、郝文冲

各地方武术刊物均以提倡武术、推广普及武术运动为己任。而各个刊物的创刊宗旨又有所区别。《体育丛刊》的《弁言》中写道："同人等曩深慨体育古法之颓废爰，纠合同志，创设此社。……复鉴于此不立文字之弊，乃议发刊……名曰体育丛刊。……区区杂志之开幕，安知不为吾国将来体育史上一绝大纪念耶？"[1]《浙江省国术馆月刊》的发刊宗旨是"公开研究国术，提倡尚武精神"，其《卷头语》中说："从来擅长国术的人，都不能以文字达其所知；加以传授的闷秘，派别的忌刻，国术本身的支离琐碎，系统毫无，是毋庸讳言的。要使国术'民众化'，先要把国术来'科学化'，公开地作系统地研究，彻底下一番整理的功夫。"[2]《国术周刊（天津）》特别强调："融合国术同志感情以期互相竞进；介绍专著研究以期集思广益；用科学方法来整理沉沦于江湖中的各种技艺；用楮笔墨来打破国术界旧有的荒谬言论和恶习"；《山西国术体育旬刊》的《开场露布》中强调："重兴国术，希望公开，以科学之方式，解释之，整理之，尊重纪律，使学者易知易行，提倡体育，希望择善而从"，提倡国术要"普遍化""科学化""平等化""纪律化""平民化""艺术化"。而1939年创刊的《国术月刊（陕西）》在发刊词中则说："（办刊）最大目的只在将国术提倡起来，使日本鬼子受些应（影）响而已。"[3]

---

〔1〕袁良：《弁言》，《体育丛刊》1924年第1期。转引自释永信主编《民国国术期刊文献集成》目录索引，中国书店，2008，第7页。

〔2〕心：《卷头语》，《浙江省国术馆月刊》1929年第1期。转引自释永信主编《民国国术期刊文献集成》目录索引，中国书店，2008，第7页。

〔3〕释永信主编《民国国术期刊文献集成》目录索引，中国书店，2008，第7～23页。

二、梳理武术源流

以往武术门派林立，依靠师徒关系传承，十分庞杂。传承中除了个别拳种有文化人参与其中，有较为系统的拳谱和较为隐晦的习拳要诀外，大部分拳种的传承停留在师傅对徒弟的耳提面命、言传身教，在传承中以讹传讹屡见不鲜。吴志青认为："我国武术，在过去的历史上考察一下，都是偏重畸形的发展，偏重技术，对有系统的记载及理论实不多见。所以国术不改则已，若改进非整理固有武术系统，难明武术的真相。"[1]中央国术馆成立之初，就开始对武术起源进行深入探索。然而，要使武术理论化、系统化，首先要对武术派系进行分析与整理，因此，武术拳种考证就成为武术梳理的重头戏。中央国术馆为此做了大量行之有效的研究，其中包括唐豪的《少林武当考》《少林拳术秘诀考证》《形意拳考证》《陈家沟太极拳史料》《内家拳祖张三丰的研究》，姜容樵的《八卦掌考证》《八极拳考证》《梅花刀考证》《劈挂拳本证》《青萍剑考证》《太极拳考证》《潭腿考证》《太极八卦考证》《国术源流》，许禹生的《岳氏连拳源流考》，马润芝的《剑术考证》，陈泮岭的《苌家拳源流考》，吴俊山的《八卦转掌流源考》，金一明的《国术派别考》，赵正清的《苗刀考证》，马承鑫的《七星螳螂拳之缘起》，伯康的《螳螂拳术之由来》，孙文伯的《螳螂拳源流》，吴翼翚的《六合八法》等。

为了系统整理国术，中央国术馆还对古代武术典籍进行系统研究和重新诠释，如许禹生校《黄白家内家拳经》，吴修龄著、许禹生校《手臂录》等。

---

〔1〕吴志青等编《国术理论概要》，大东书局，1935，第 57 页。

三、国术统一运动

传统武术产生于农耕文明时期，其传承和传播方式是模拟宗族血缘关系进行的。“师徒如父子”是这种传统关系的真实体现。而传统武术各种门派和拳种的形成就是这一文化孕育的结果，而各种传统武术拳种与流派构成绚烂缤纷的武术世界。但是，这种极具门户色彩的拳种流派一旦纳入公共教育的范畴，其各具特色的优点瞬间转变为无法克服的缺陷。武术拳派的门户观念就成为妨碍武术推广发展的层层壁垒。这种矛盾在中央国术馆建馆之初，成为影响国术馆发展的主要障碍和需要克服的首要问题。张之江撰写了《国术家融化门派为今日之第一要着》《二十年告诫中央国术馆同志》两篇文章专论“门户之见”。《国术家融化门派为今日之第一要着》一文提道：“凡以往‘宗派’‘门户’……种种陋习，极宜乘时改革。教授生徒，万不可划分门户。不论‘少林’‘武当’及‘南’‘北’‘长’‘短’，皆为我国粹……国术家以往之错失，即门户之见太深。甚至因宗派不同，或同宗派而不同师傅，遂至各怀其宝，各密其密。不仅老死不相往来，甚至仇视敌对，代代相传……”[1]《中央国术馆缘起》一文指出，致使“宗派畛域，严若鸿沟”，“练少林者不能兼习武当”，“练外功者，不能习用内功”，“是乃囿于宗派之谬解也”。[2]

“门户之见”使得武术的发展举步维艰，作为中央国术馆馆长，张之江对此再清楚不过，“吾人置身提倡国术之立场，须知融化门派，破除珍域，实为今日第一步之要着，此关不能打破，

〔1〕释永信主编《民国国术期刊文献集成》第 11 卷，中国书店，2008，第 261 ～ 262 页。
〔2〕释永信主编《民国国术期刊文献集成》第 14 卷，中国书店，2008，第 279 页。

而欲国术之发扬光大，岂可得乎？”[1]

打破“门户之见”最为有效的途径就是统一国术，因此，国术统一运动也是张之江进行武术改革、推动中央国术馆工作的重中之重。最初提出国术统一化的是程登科、吴澄。两人在留学德国的时候，看到西方体育都是改良后的民族体育，而中国人则对自己民族的体育不感兴趣，一味崇尚西方体育，他们对此感到颇为遗憾，于是提出了统一国术的建议。其目的是以武术为出发点，先行统一全国武术，化除派别，合力研究，使之成为科学的武术，然后在此基础上求普及之效，实现武术与体育的统一。

他们的提议迅速得到武术界和体育界的响应。1934 年 2 月，全国国术统一运动筹备委员会第一次会议在中央国术馆会议厅举行，由此拉开了国术统一运动的序幕。随后成立以郝更生、张之江、褚民谊、张信孚、程登科、刘慎旗、吴图南、卢颂恩、姜容樵 9 人为常务委员的全国国术统一委员会筹备委员会。郝更生、张信孚、程登科、刘慎旗、卢颂恩 5 人代表体育界；张之江、褚民谊、吴图南、姜容樵 4 人代表武术界。国术统一运动筹备委员会的成立也预示着武术与体育的主动沟通。1934 年 4 月，国术统一委员会成立，改名为中央国术体育研究会，该研究会成为一个集中人才的机构，使全国的武术专家归于有系统的组织，对武术进行集中研究。

国术统一并不是要将万势万变的武术归于一势一变，而是要用新的知识与科学的方法对武术加以研究，使武术系统化、条理化、科学化。“国术统一者，统一上下古今于真理之中之谓，非

〔1〕释永信主编《民国国术期刊文献集成》第 11 卷，中国书店，2008，第 262 页。

谓欲举某一势某一变，将强天下以从我也。”[1]国术统一运动以教材统一为开端。

1934年2月，中央国术馆教材编审委员会举行第一次会议，中央国术馆决定根据教育部函，按照由简到繁、先易后难的原则编制三级教材。先决定初中、高中第一学期的教材名称。初中学校第一学期教材共分4种：五行拳、弹腿、劈挂刀、三才剑。高中学校第一学期教材定为4种：太极拳、八卦掌、梅花刀、昆吾剑。五行拳由姜容樵、黄柏年编制，弹腿由马永胜编制，劈挂刀由姜容樵编制，三才剑由姜容樵、罗成立编制，太极拳由郭锡三编制，八卦掌由吴俊山编制，梅花刀由郭锡三编制，昆吾剑由龚润田编制，共编8种，定于3月1日以前编制完成。原定由中央国术馆教材委员会编审委员负责本馆内部教材编定的组织，再扩大延聘国内专家。具体执行中，则完全由中央国术馆教材编审委员会负责全国国术教材统一委员会的工作。

国术统一运动的另一个重要工作就是统一武术名称，具体工作由姜容樵和吴图南两人完成。姜容樵此前一直在做部分拳种和器械的考证工作，对这些拳种器械的历史与名称有比较明确的认识。吴图南则将他的《国术部位之研究》等文章相继发表在《国术周刊》上。内容主要涉及武术的基本步法，身体各部位名称，手法中不同的拳、掌、指的种类与要领等。客观上，这些基础的工作对武术逐步向规范化、科学化、普及化发展起到了一定的作用。

姜侠魂、徐致一、唐豪、卢炜昌、陈微明、胡朴安、章启东

---

〔1〕释永信主编《民国国术期刊文献集成》第21卷，中国书店，2008，第272页。

等还在上海筹商创立《国术统一月刊》[1]，希望武术成为“有组织、有纪律、有学理、有系统、有程序、有方案之学术”。然而，中国幅员辽阔，南北差异较大，民族众多；武术内容庞杂，拳种门派林立，传承中人为核心要素。仅仅依靠中央国术馆一家之力量，依靠几个专家的努力，难以完成如此庞大的文化梳理工作。国术统一运动仅仅统一几个代表性拳种的动作与名称远远不够，尽管当时也有几位学者不乏真知灼见，提出了很好的批评意见。如通玄在《对于编订国术教材及统一国术之刍议》一文中，就对国术统一提出了质疑：“至于统一国术。则此等工作甚巨，断非一朝一夕所能竟工。更非少数分子各抱门户之见者所能竣其事也……姑令为之，且预知其无结果，决定其不成功”[2]。这个评述是很有见地的。张之江提出的“百川分流皆朝宗于大海，万山异派同衍系于昆仑”的武术统一目标，即便是今日也遥遥无期。

第七节　中央国术馆的国际交流

一、中国摔跤与日本柔道的交流

随着中央国术馆的影响力不断扩大，中央国术馆为了推动武术的发展与传播，同时提高办学的质量，积极开展对外交流。张之江首先选择赴日本交流。

〔1〕《国术统一月刊》是上海国术统一月刊社于 1934 年 7 月创办的。该刊主编是姜侠魂。其宗旨为昌明国术，使之科学化、普遍化。使广大民众掌握国术，以达到健康体质、振兴民族之目的。内容包括理论研究、专著探讨、调查统计、国术探源等。

〔2〕释永信主编《民国国术期刊文献集成》第 15 卷，中国书店，2008，第 327 ～ 328 页。

1930年，张之江以第9届远东运动会的召开为契机，率队前往日本进行考察。其间，考查人员参观了日本的传统武术项目，中国摔跤与日本柔道还进行了精彩较量。回国后，张之江撰写的《东游感想录》记录了此次日本考察之旅的过程及其感悟，认为中国武术有必要学习、借鉴日本的传授模式。与此同时，唐豪也陆续发表了其考察的日本武术项目的相关报告，为国人了解日本武术提供了参考资料。

二、中央国术馆南洋旅行团的武术传播

1936年1月，由中央国术馆和国术体育专科学校组成南洋旅行团，为中央国术馆发展筹募基金。南洋旅行团一行17人首先抵达新加坡。旅行团有两队人马，其中武术队10人，队长杨松山，队员张文广、何福生、康绍远、李锡恩、温敬铭、李凤鸣、马正武、张登魁、马文奎；篮球队6人，队长唐宝堃，队员吴文忠、高长明、李震中、张长清、张长江；总领队庞玉森。

南洋旅行团乘坐杰克逊总统号轮船出发，航程半个多月，旅行团在船上度过了欢乐的春节，于大年初五到达新加坡。南洋旅行团受到当地华侨的热烈欢迎，当地华侨领袖、精武体育会会长以及各报新闻记者前往迎接。陈嘉庚特别为旅行团组成招待委员会和募捐委员会等办事机构，为旅行团提供方便。第二天在新加坡大世界体育馆召开欢迎大会，陈嘉庚亲自主持，华侨委员会、新加坡商会、华侨体育协会、精武体育会以及各团体、各报新闻记者、知名人士共几千人参会。陈嘉庚发表讲话：“南洋旅行团由张之江先生领导，是武术的先驱，是一支传播中国武术的先锋

队，它将会把中国武术传播给东南亚各国，乃至全世界。南洋旅行团这次到来，给海外华侨增加了光彩。”旅行团武术队先后在新加坡大世界体育馆和神仙世界体育馆进行了10场表演。旅行团的成员都由中央国术馆精心选拔，个个身怀绝技，身手不凡。团员们既有单练、串练的单人表演，又有拳术对打和器械对打。张文广、李锡恩的单刀破花枪，何福生、康绍远的长棍对三节鞭，李凤鸣、马正武的双剑进大刀，将表演推向高潮。武术表演场场爆满，观众情绪高昂，掌声雷动，出访取得巨大成功。华侨巨商胡文虎、胡文豹，精武体育会、体育协会、新闻记者协会分别举行欢迎会，旅行团几乎应接不暇。旅行团在新加坡的表演结束后，陈嘉庚和胡文虎慷慨解囊，各捐助10万元，加上门票收入5万元，旅行团共募得25万元。此外，华侨委员会送来大批礼物和纪念品，如金鼎、金瓶、金杯、银球、银盾、锦旗、纪念戒指、纪念服装等，并举行欢送大会。

旅行团又先后到吉隆坡、马六甲、槟榔屿等地进行交流与表演。旅行团所到之处无不受到当地侨胞热烈欢迎，武术队在马来群岛先后表演了50多场，所到之处，轰动一时，各大报刊都给予了极高的评价，认为中国武术确是强种健身、御侮救国的法宝。[1]

南洋旅行团的交流极大地促进了武术在东南亚各国的传播，掀起了当地群众学习武术的热潮，他们纷纷成立武术馆、武术会、武术学校，中央国术馆也派出师资。如新加坡武术总会由高长明担任会长，陈玉和担任教练，新加坡石云武术健身会由胡云华担

〔1〕中央国术馆史编辑委员会编《中央国术馆史》，黄山书社，1996，第60页。

任会长。又如中央国术馆派去吉隆坡执教的就有尹鸿祥、宫邦杰、李国瑞等。

三、1936 年柏林奥运会武术表演

1936 年 8 月，第 11 届奥运会在柏林举行。这届奥运会与以往不同，柏林奥运会期间同时举行世界休闲娱乐讨论会及国际运动学员营两大国际会议。除了正式比赛项目，会议期间还进行学术研讨、报告和各国的民间传统体育展示、娱乐表演。经张之江、吴铁城、邹鲁等建议，国民政府决定公开选拔一支武术队参加第 11 届奥运会展演，把中华武术推向世界。消息传出后，全国各省市武林英杰纷纷报名参加预选，报名者 100 多人。1936 年 5 月，柏林奥运会中国武术代表队选拔赛在上海的申园健身房举行，共有中央国术馆、河南省国术馆、上海市国技馆和中国驻日留学生监督处 4 个单位的 15 名选手参加了最后的选拔比赛。经过十几天紧张、激烈的角逐，入围的男选手有 6 人（图 3-10），他们是温敬铭、张文广、郑怀贤、金石生、张尔鼎、寇运兴。女选手有 3 人（图 3-11），即翟涟源（连元）、傅淑云、刘玉华。南开大学的武术教师郝铭为教练兼队长，顾舜华为管理员。

在汉堡动物园进行的正式表演中，按照郝铭的安排，张文广的查拳、刘玉华的双刀、傅淑云的绵拳、郑怀贤和寇运兴的“龙虎对棍”、金石生的九节鞭、刘玉华与傅淑云的对练、翟涟源的花拳、温敬铭与张文广的“空手夺枪”鱼贯入场，表演精彩激烈，扣人心弦。特别是武术队的最后一个表演项目“空手夺枪”，险象环生的表演使全场鸦雀无声，空气仿佛凝滞。表演结束，观众

图 3-10　第 11 届奥运会中国武术队全体男队员合影
左起：张文广、金石生、寇运兴、郝铭、顾舜华、温敬铭、郑怀贤、张尔鼎

图 3-11　第 11 届奥运会中国武术队全体女队员合影
傅淑云（左一）、刘玉华（左二）、翟涟源（左三）

掌声雷动。

之后，武术队先后在法兰克福、慕尼黑等城市表演，都取得

了很大成功。中国武术队的这次出访在国际上起到了传播武术文化、促进武术发展的作用。

第八节 土洋体育之争

20世纪30年代，因为中国在1932年洛杉矶奥运会上的失败，在中国体育界引发了一场激烈的“土洋体育之争”。争论的焦点是当时中国应提倡以近代西方体育为形式的“洋体育”，还是应提倡以武术等为形式的“土体育”。争论的内容主要集中在两个方面：武术是否有健身价值，提倡武术是否符合中国社会的发展需要。这场争论是“新旧体育之争”的延续，但其争论相对更为理性，波及面也更为广泛，对武术产生的影响更为深远，梳理其脉络对于认识后来武术的走向具有重要意义。

一、“土洋体育之争”的过程

“新旧体育”之争是新文化运动中东西方文化碰撞在体育领域的余震。1915年，文化保守派与激进派双方分别以《东方杂志》与《新青年》为阵地，展开了以选择中国现代化的文化取向为目标的东西方文化论战。[1]一部分人开始重新审视我国固有的体育形式，提出用民族传统体育形式取代西方近代体育形式的主导

〔1〕鲁迅对包括蔡元培等教育界人士提倡武术极为不满，于是1918年11月15日开始在《新青年》发表《杂感三十七》《杂感六十四》等多篇文章。陈铁生发表《驳〈新青年〉五卷五号〈随感录第三十七条〉》一文予以驳斥。

地位，用“国粹体育”来抵抗日益高涨的新文化运动，从而引发了“新旧体育”之争。马良编写了一套“中华新武术”，并称其为“我国之国粹”，受到复古派军阀和教育家的大力吹捧。以鲁迅等为代表的新文化运动的倡导者，对借用武术鼓吹复古倒退的“国粹”思想和“鬼道精神”进行了针锋相对的批判，“近来很有许多人，在那里竭力提倡打拳。记得先前也曾有过一回，但那时提倡的，是清朝的王公大臣，现在却是民国的教育家……把‘九天玄女传与轩辕黄帝，轩辕黄帝传与尼姑’的老方法，改称‘新武术’，又称‘中国式体操’，叫青年去练习”[1]。而一些来华的西方体育家，如麦克乐等也讥笑武术只是与空气打架的东西，既缺乏教育价值，又不符合生理的需要。毕竟鲁迅、陈独秀并非体育专家，因此，这场争议并未引向深入，产生的影响也十分有限。

1928年至1937年，西方体育项目在各级各类学校中有了长足的发展，但体育整体的发展水平仍然相对落后，尤其是竞技体育的发展，在整个亚洲也处于较低的水平。在论战开始的前一年，九一八事变爆发，社会各界人士呼吁抵抗日本的侵略。各行各业纷纷行动起来为抗击侵略者做积极的准备，工商业发起抵制日货运动，舆论界大力进行抗日宣传，教育界也要适应战时需要而进行改革，使学校体育能够担负训练合格士兵的特殊任务。在“兵式体操”已经彻底退出学校体育的情况下，传统武术就成了适应这种需要的最好的学校体育手段。日本侵华战争全面爆发后，在救亡图存的大背景下，体育界“体育救国”的呼声随着民族危机

〔1〕郑光路：《鲁迅与武术、气功——中国近代体育史上一段重要的史实》，《体育文化导刊》2003年第10期。

的加剧也越来越高，而实践也证明“土体育”的武术在提振尚武精神和军事阵地战中的作用无与伦比；与此同时，中国在远东运动会上的成绩每况愈下。代表两种不同文化背景的体育势力对峙的气氛越来越浓，争论一触即发。

真正引发这场争论的却是1932年8月刘长春参加洛杉矶奥运会田径比赛100米、200米预赛即被淘汰。消息传来，舆论一片哗然，许多关心体育的人士呼吁进行体育改革，终于引发了这场酝酿已久的关于中国体育道路的大讨论。

1932年8月7日，一向支持武术的天津《大公报》针对此事发表了一篇社评，向体育当局进言：“请从此脱离洋体育，提倡‘土’体育！”“请自中国文化之丰富遗产中，觅取中国独有的体育之道！”[1] 8月11日，中央国术馆馆长张之江致函《大公报》，支持该报观点：“盖国术之用，不仅强身强种，且可拒寇御敌；既合生理卫生，又极经济便利；不拘于性别老弱，不限于时间空间；富美感，饶兴趣；锻炼甚便，普及亦易。”作为回应，8月13日，《体育周报》撰文批评《大公报》的立论是因噎废食。文章作者在列举了“洋体育”的好处之后指出：“学术固无国界，体育何分洋土！”并认为“土体育祛病延年全凭传说”。8月17日，《大公报》再度发表社评《与全国体育会议商榷》，系统地提出了脱离“洋体育”、提倡“土体育”的方针，认为今后体育应以武术为宗，以外来体育为辅；废止费用较高的西洋式体育活动。吴蕴瑞在8月20日发表文章，对《大公报》社评中“竞

〔1〕佚名：《今后的国民体育问题》，《大公报》1932年8月7日。

赛运动损害健康”和“土体育祛病延年”的观点进行质疑，委婉地批评作者缺乏现代科学常识。认为对“洋、土体育”不能简单地划分优劣，应该以是否适应个性发展和能否适应社会需要作为选择体育方式的原则。[1]8月23日，《大公报》对吴蕴瑞的观点进行反驳，认为东西方国情不同，体育目的和方法也不同，坚持以全民军队化和劳动化为中国体育的目标，而武术为卫国、治产、养生的最佳方法。8月27日，谢似颜撰文猛烈批评《大公报》，嘲笑《大公报》吹捧“土体育”的养生功效是妄自尊大，认为体育的目的不仅是养生、健身，也不赞成以军事化、劳动化作为体育唯一的目的。[2]

在这场争论中，以毕博为代表的持中论者逐步为人们所接受。他们对双方在武术问题上偏激的态度提出了批评，认为简单地肯定或否定都不是正确的态度，主张从师资、教材和教法三个方面促进武术的科学化。

1932年8月16日，全国体育会议在南京开幕，会议制定了《国民体育实施方案》。《国民体育实施方案》的第五部分特别阐释“国术在体育上之地位”，文中说：

国术原我国民族固有之身体活动方法，一方面可以供给自卫之技能，一方面可做锻炼体格之工具，不独在民族史上有其固定价值……人类之天性中外无不同，凡不背科学为则及能适合人类天性之种种体育活动，均应按照国内社会状况一律提倡之，不应

[1] 吴蕴瑞：《我看今后的国民体育问题》，《体育周报》1932年8月20日。
[2] 谢似颜：《评大公报七日社评》，《体育周报》1932年8月27日。

以其发源之地点不同而有所轩轾。故国术实为体育活动之一种，不能因我国所固有者而予以特殊之地位，以捐弃其他合乎科学及教育之体育活动也，另一方面言之，学术既无国界，则我国之国术固应力谋其在国际间之发展，不应以之为奇货可居，观乎日本之柔道，近且为欧美许多人士所学习，况我国国术之奥妙，远在其上乎。至于国内体育家对于国术应加以深切之注意与研究，而国术家对于近代体育及其基本之学科亦须有相当之认识，此实为发扬及研究国术之必要途径。〔1〕

因此，可以说《国民体育实施方案》体现了对西式体育和中国传统体育兼收并蓄的态度，方法包括组织力量研究武术、整理改良民间旧有体育活动、在各级运动会中增加武术内容等。由于主持起草方案和根据方案成立的教育部体育委员会成员主要是留学欧美归国的人士，因而这种趋势实际上表明了西式体育对中国传统体育的接纳，而传统体育特别是武术的科学化改造，也成为多数主张振兴传统体育人士的共识。〔2〕

二、“土洋体育之争”的结果

这场争论的实质是东西方文化冲突在体育文化领域的延伸。西方体育是西方文化的一个部分，以近代科学为基础，体现了西方的人文精神，在近代中国的传播势不可挡，但充满了冲突和曲折；以中国传统文化为背景的武术，与传统文化一起，在否定、

〔1〕佚名：《国民体育实施方案》，《体育》（第一次全国体育会议特刊）1933年第9期。
〔2〕谭华：《70年前的一场中国体育发展道路之争》，《体育文化导刊》2005年第7期。

批判、继承的漩流中沉浮起落，求得生存、汲取养分和重获新生。这场“土洋体育之争”所引发的争论断断续续持续到 20 世纪 30 年代中期，并由于日本帝国主义侵华战争的升级逐步转变为更为广泛的“全民体育化”和“体育军事化”“体育救国论”的争论。

梁漱溟在论述中西文化时说道：“我们所看到的，几乎世界上完全是西方化的世界……几乎我们现在的生活，无论精神方面、社会方面和物质方面，都充满了西方化，这是无法否定的。所以这个问题的现状并非东方化与西方化对垒的战争，完全是西方化对于东方化绝对的胜利，绝对的压服！”[1]西方体育对武术的影响就是压倒性的、全方位的。

尽管多数人接受了武术是体育组成部分的看法，但仍然有少数人坚持己见。中央国术馆馆长张之江坚持认为武术大于体育：“吾解析国术之功效，可以分为体育与技击两方面，属保健者曰体育，属于技击者，则真如乎体育范围之外……由是言之，谓国术中包含有体育之效用则可，谓国术为体育之一种，则未当也。”[2]然而，当时西方体育刚刚被引进，人们只是从身体活动的形式上来认识体育，因而将武术自然归入体育的范畴。

“土洋体育之争”推动了武术的科学化进程。苏恒东发表文章，认为“西方体育的佐助不少，所以随科学的进步而进步，决不像我们国术的因袭、墨守”[3]。谢似颜在《评大公报七日社评》中说，武术要“受过近代解剖、生理、卫生、教育等科学的

---

〔1〕梁漱溟：《东西文化及其哲学》，商务印书馆，1999，第 7 页。
〔2〕张之江：《国术与体育异同之辩证》，《铁鸟》（上海）1932 年第 17 期。
〔3〕苏恒东：《国术是什么》，《勤奋体育月报》1932 年第 2 期。

洗礼，方认为有用处，绝对不许再说那丹田还气、太阴少阳一派的儿话”[1]。历史的推动、文化的冲突，终于迸射出了思想火花，中国武术史上第一次振聋发聩地喊出了“科学化”的口号。

〔1〕谢似颜：《评大公报七日社评》，《体育周报》1932年8月27日。

第四章

全面抗战到新中国成立前夕的武术运动

抗日战争是中国人民反抗日本帝国主义侵略的正义战争，也是中国近代以来抗击外敌入侵第一次取得完全胜利的民族解放战争。自 1931 年 9 月 18 日日军进攻沈阳爆发九一八事变之后，东北地区迅速沦陷，这也标志着日本帝国主义侵华战争的开始。从九一八事变开始，日本大规模地侵略中国。在侵占了中国的东北以后，日本侵略者又不断地侵犯上海、华北等地，占领了中国的大片领土。东北人民、上海人民、华北人民及驻守这些地方的军队，从九一八事变、“一·二八”事变、华北事变起，就举起了抗日的大旗。〔1〕

1937 年 7 月 7 日夜，日军以一个士兵失踪为借口，要进入北平西南的宛平县城搜查。中国守军拒绝了这一无理的要求。日军开枪开炮猛轰卢沟桥，向城内的中国守军进攻，这就是震惊中外的七七事变，也标志着日本帝国主义全面侵华战争的开始。七七事变是中华民族进行全面抗战的起点。自此，至 1945 年 8 月 15 日日军无条件投降，中华民族经历了长达 14 年的抗日战争。

在抗日战争时期，前线的将士们浴血奋战、誓保家园，后方

〔1〕郭德宏：《论抗日战争史研究中的若干重大问题》，《历史教学》2005 年第 11 期。

的民众则摩拳擦掌、积蓄力量、习武练兵、待令即发。在当时敌我军事武器装备悬殊的情况下，中国的传统武术派上了用场。前线的将士们利用战斗的间隙，习练长矛、大刀，这在白刃格斗中发挥了很大作用；后方的民众则以武强身，以武御敌。

第一节　近代武术运动与军事人才培养

格斗技艺的产生源于人类防身自卫的安全需求，武术与军事之间的关系源远流长。冷兵器时代，无论是大规模集团作战还是私斗，这种以身体和操纵工具为手段的格斗都是防卫的主流方法。近代随着火器的普及，武术在战场上直接搏杀的功能被大为削弱，在军事训练和尚武精神培养中的教育价值日益凸显。

一、武术在民国军事训练中的存续

近代，创立新式军队是军事革新的主要目标，引进和采办军舰、枪炮是当务之急。李鸿章就引入西洋枪炮说："若火器能与西洋相埒，平中国有余，敌外国亦无不足。"[1]由于这时新式武器在战争中有明显缺陷，即远距离作战优势尽显，近身巷战或贴身肉搏则优势全无。加之在新式军队训练中引进的兵操的实用性远远不及武术，因此，在近代中国军队的军事训练中武术一直占有一席之地。

---

〔1〕［美］费正清、［美］刘广京著，中国社会科学院历史所编审室译，《剑桥中国晚清史》上卷，中国社会科学出版社，2013，第537页。

随着中华尚武精神和军国民主义教育思想的兴起，提倡国粹体育的呼声高涨，武术的军事教育功能得到进一步强化。孙中山曾说："最后五分钟之决胜，常在面前五尺地短兵相接之时，……技击术与枪炮、飞机有同等作用。"〔1〕沈书珽对武术在军事战争中的具体应用描述得更为具体："若以军事上应用言之，当两军接近，地形不利，射击不便，肉血之战，如日胜俄，实得力于柔术。日之柔术，因胎孕于我国之拳艺也。其收效也如是。我国方有内忧外患，所以固邦基而强国民者，如提倡拳艺，使普通男子皆精此道，其为功岂可小视哉。"〔2〕

在这一认识的影响下，武术被广泛地作为军事训练和教育手段在社会各界推行。这一时期，在军中倡导武术训练并非个别现象，曹锟在保定组建并带进北京的"苗刀营"和"铁杆矛营"、孙传芳在江苏的"武术营"等，都是以武术技击训练而闻名。提出"武术军事化，军队武术化"口号的何键创办了"四路军技术教导大队"，该队在 1930 年至 1937 年的 8 年中为他的军队培养了大约 3,000 名武术骨干。

二、西北军的武术军事人才培养

近代，用武术培养军事人才的一个优秀典范是冯玉祥和他的西北军。冯玉祥本人有很好的武术功底，对拳术、器械等技艺都十分在行。将武术中具有真实价值的部分经过提炼改造后用于练兵是冯玉祥治军的一大特色。早在当兵时，他就时常练习大刀、

〔1〕晨曲：《正说霍元甲》，百花文艺出版社，2006，第 92 页。
〔2〕沈书珽：《提倡国技当言》，《体育研究会会刊》1918 年第 1 期。

拳术、翻杠子、耍石头等，但大刀是列在第一位的。后来当了军官，并逐步成为节制数十万大军的统帅，他一直把大刀作为军队基本装备之一，可以说西北军的劈刀特长是他一手抓起来的[1]。作为三军统帅的冯玉祥经常亲自向部下传授劈刀技艺，与士兵一起操练刀术。他要求每一位士兵必须精通劈刀和刺枪技术，每一名军官一定是这两项技术的高手。

在冯玉祥的示范作用下，西北军的高级将领中精通武艺者比比皆是，如张之江、宋哲元、佟麟阁、张自忠、吉鸿昌、赵登禹、马凤图、马英图等。

宋哲元（图 4–1），抗日战争时期让日军闻风丧胆的国民革命军第二十九军“抗日大刀队”就是由他组建的。1931 年 9 月 18 日，九一八事变爆发。仅仅时隔 3 天，宋哲元即率第二十九军全体官兵，向全国发出“抗日通电”，坚决表示：“哲元等分

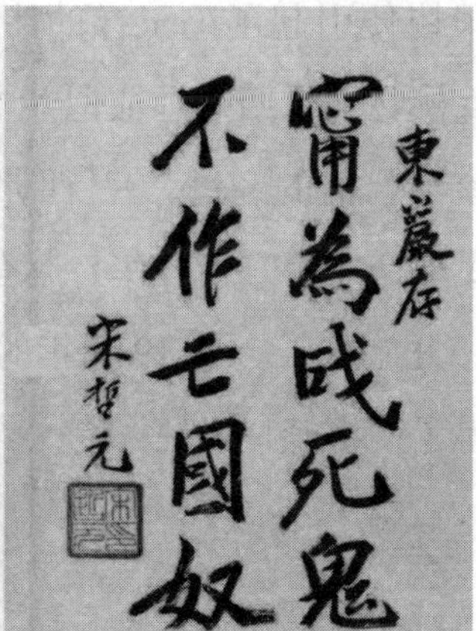

图 4–1　宋哲元像及其书法作品

〔1〕马明达：《冯玉祥与中国武术》，《体育文史》1998 年第 3 期。

属军人，责在保国。谨率所部枕戈待命，宁为战死鬼，不作亡国奴，奋斗牺牲，誓雪国耻。”[1]第二十九军成立以后，由于新编部队扩充速度太快，枪支弹药严重短缺。宋哲元就提出了为部队士兵配发大刀，希望通过建立抗战大刀队来弥补装备之不足，在肉搏战中充分发挥大刀的优势。在第二十九军高级将领会议上，军、师长们认真研究了训练部队的方法。他们认为，西北军素质好，体力强，不少官兵还会拳术、刀剑，可以召集他们研究自造大刀，在日军装备优良的情况下，可利用近战、夜战的战术，发挥大刀威力，这样必能克敌制胜。[2]

赵登禹（图 4-2），字舜诚，出生于武术之乡山东菏泽，自幼习武。1914 年加入冯玉祥的西北军。由于冯玉祥非常重视武术，将劈刀、刺枪列为西北军的战术必修科目，常常亲自检阅基层军官和士兵的劈刀、刺枪和打拳等训练，有着一身好武艺的赵登禹很快便引起了冯玉祥的注意，从而担任了冯玉祥的贴身护卫。宣侠父在《西北远征记》中还记载了赵登禹一人生擒兰州拳术惯家李长清的经过。[3]西北军在中原大战中失败以后被改编为国民革命军第二十九军，赵登禹也被任命为第二十九军三十七师一〇九旅旅长，在 1933 年的长城抗战中率领刚刚成立的大刀队取得了“喜峰口大捷”。

---

〔1〕陈政祥：《宋哲元对二十九军的激励》，《菏泽学院学报》2013 年第 S1 期。
〔2〕高冬琴、李钊：《民族大义与舆论导向——二十九军喜峰口大捷探源》，《团结》2005 年第 S1 期。
〔3〕马明达、蔡智忠：《民国时期的甘肃省国术馆摭谈》，《天水师范学院学报》2010 年第 1 期。

图 4-2 赵登禹像

1937 年，以“喜峰口大捷”为素材，著名革命音乐家、战地记者麦新[1]创作了《大刀进行曲》，“大刀向鬼子们的头上砍去”广为传唱。《大刀进行曲》极大地鼓舞了中国人民抗战的士气。

三、中央国术馆的军事人才培养

从中华民国成立到东北易帜，中国实现了形式上的统一。在国民政府“体育救国”和“体育军事化”思想的指导下，武术的军事价值也得到了人们的普遍认可，各类武术组织如雨后春笋般出现。戎马半生的张之江正是认识到提倡国术为达成军事目标之

〔1〕麦新，作曲家、音乐活动家，原名孙培元，又名孙默心。原籍江苏常熟，生于上海，九一八事变后，投身救亡抗日歌咏事业。1940 年去延安，在“鲁迅艺术学院”从事音乐创作和理论批评工作。

最佳手段，便放弃军中要职担任中央国术馆馆长。从某种意义上讲，中央国术馆的建立就是中国社会对武术人才大量需求的产物。中央国术馆为国民革命军培养了大批武术人才，即便是学生，在馆期间参与的社会实践也与军事相关（表 4–1）。

表 4–1　中央国术馆历年派出学生服务单位统计表

时间	派出服务单位								合计
	军校	各类武馆	部队	各类学校	机关公所	保安团	其他	不详	
民国十七年（1928）	4								4
民国十八年（1929）		5	4	1	4		1	1	16
民国十九年（1930）	11	9	3	3	3		1	8	38
民国二十年（1931）	8	1	15	39	7	1			71
民国二十一年（1932）			16		2				18
民国二十二年（1933）			10	1		2		1	14
民国二十三年（1934）			16	6	6	1	1		30
民国二十四年（1935）			5	4	6	11	2	2	30
总计	23	15	69	54	28	15	5	12	221

注：资料来源于《中央国术馆历年派出之学生及姓名其服务机关一览表》[1]。

抗战初期，由于受过系统武术训练的军队在对日作战中表现出色，武术的军事作用被广泛赞誉，中央国术馆与军界的联系也

〔1〕释永信主编《民国国术期刊文献集成》第 25 卷，中国书店，2008，第 43 页。

更为紧密。中央国术馆优秀师资，如王子平、黄柏年、马凤图、马英图、杨松山、李元智等，参与国民革命军军事训练的情况也极为普遍。

中央国术馆的毕业生从军报国的更是比比皆是，他们经过习武的艰苦磨砺，具有强大的战斗力，成为全国抗战的重要力量。

四、以“国术报国”为己任的军旅武术名人

大刀是中国的传统兵器，在它成为国民革命军第二十九军所配备的武器以后，很多武林高手都深入军营，教授一线作战士兵传统武术之中的技击，其中主要技法来自沧州武术家马凤图创编的“破锋八刀”和冀州武术家李尧臣创编的“无极刀”。这些战场杀敌的绝招秘籍，很多都属于传统武术中的绝学。士兵所学的刀法绝学，在抗战期间的白刃战对抗中发挥了显著的作用，这体现了武术与军事融为一体且服务于军事战争的需要。此外，窦来庚、褚桂亭等武术名家也以“国术报国”为己任，他们或投身于抗战第一线，或入军营教授武术技艺。

（一）“破锋八刀”刀法编创人——马凤图

“破锋八刀”是抗日战争时期国民革命军冯玉祥部使用的八套刀法，其每招每式都干净利落，刀刀可击敌之要害，是专门针对日本侵略者擅刺的特点编制的。“破锋八刀”出自沧州武术名家马凤图（图 4–3），他为西北军编写了《破锋八刀》和《白刃战术教程》。

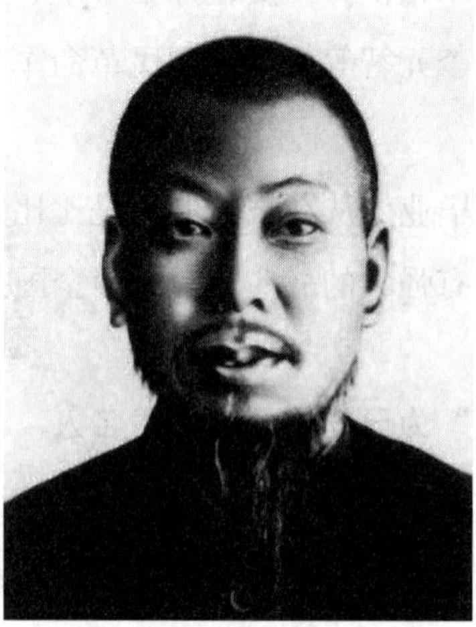

图 4-3 马凤图像

马凤图，字健翔，自幼跟随祖父、父亲学习家传劈挂拳及摔跤等艺，并随吴懋堂和吴世柯习八极拳。1920 年，马凤图携其弟马英图及长子马广达在河南加入冯玉祥的西北军，开始军旅生涯。

早在 1910 年，冯玉祥和张之江等人就曾创立反清秘密组织“武学研究会”。而后，冯玉祥将大刀作为西北军的武器装备进行普及。当时的苏联顾问普里马科夫就曾记载：“院内，许多身着白上衣的警卫士兵在挥舞大刀，一共做了二十五个劈杀动作，场面非常壮观。约六百名身体非常结实的青年士兵，飞速地舞动着闪闪发光的大刀，时而防卫，时而出击，练兵场上夯实了的土地，由于六百双脚的冲击和跳跃，发出低沉的声响。”[1] 这段文字所描述的就是西北军的早期刀术训练“劈刀十二法”。马凤

〔1〕马明达：《冯玉祥与中国武术》，《体育文史》1998 年第 3 期。

图以此为基础，吸纳马英图、王子平、洪立厚、刘鸿庆、王桂林等人的意见，将武术中格杀效果突出的技术编创成简便易学的“破锋八刀”，取代了旧有的刀术教材。1926年初，张之江代替冯玉祥主持西北军全局，这一易学而实用的刀法迅速推广到西北军各部，形成了西北军自成风格的著名的大刀术。

1926年，马凤图定居兰州以后，“破锋八刀”即保留在通备武艺体系中，并一直流传。马颖达在其1998年撰写的《我从事武术活动的简历》中，多次提到其父马凤图的“破锋八刀”：“1943年春父亲应八战区西北抗日干训团邀请讲演抗日救国，会上给士兵表演武术，父亲表演了破锋八刀，王天鹏表演了双手带，我表演了溜脚式。”[1] 1949年至1951年，马凤图随中国人民解放军一兵团进入新疆，在此期间与当地武术界交往颇多，教警卫连“破锋八刀”。由此可见，“破锋八刀”在当时享有较高的声誉。这些材料也清晰地证明了“破锋八刀”的传承脉络。

（二）“无极刀”刀法编创人——李尧臣

李尧臣，河北冀州人，幼年曾拜师学太极拳，14岁到北京谋生，4年后进入会友镖局。李尧臣在会友镖局前后计27年。1921年，会友镖局解散，李尧臣便在天桥水沁亭开设武术茶社，继续传授武艺。

1931年九一八事变后，英勇的国民革命军第二十九军将士秣马厉兵，准备迎击日寇的侵略，副军长佟麟阁特请李尧臣到部

---

〔1〕陈宝强、郭乃辉：《西北军“破锋八刀”考》，《军事体育进修学院学报》2006年第2期。

队中去教大刀。[1]李尧臣根据战刀的特点，结合无极子路刀练法，创编出一种套路，起名“无极刀”。“无极刀”结合了中国传统的六合刀法，讲究出刀刀身下垂刀口朝自己，一刀撩起来，刀背磕开敌人的步枪及刺刀，同时刀锋向前画弧，顺势砍向敌人脖子。因为劈、砍是一个动作，敌人来不及回防就脖颈中招了[2]。这套刀法实战性很强，挥舞起来，既可当刀劈，又可当剑刺，大大增强了士兵白刃战的对抗本领。

（三）守卫沂蒙大地的武术状元——窦来庚

窦来庚，字峰山，山东临朐人。窦来庚自幼习武，为武术名家高凤岭的大弟子，在 1928 年举办的国术考试中获最优等奖，曾任山东省国术馆副馆长（实际负责人）、山东省保安第 17 旅旅长、国民革命军陆军少将。

1937 年七七事变爆发以后，山东省国术馆闭馆，馆中人员包括第三期师范班毕业生，改编为国民革命军第三集团军司令部警卫武士大队，窦来庚任上校大队长。自此，窦来庚正式开始了他的军旅生涯。1937 年 10 月济南失守，国民革命军第三集团军司令部警卫武士大队改为国民军义勇队，窦来庚留任队长，率领 120 余人驻扎于临朐八区寺头村和南道村、北道村一带，秘密开展抗日斗争。

（四）《国术教范》主编——褚桂亭

褚桂亭，字德馨，生于河北任丘。他自幼习武，精通形意拳、

〔1〕吴宣廷：《明清镖局武艺传播研究》，硕士学位论文，上海体育学院，2019，第 24 页。
〔2〕夏源江：《抗战体育文化及其特征解析》，硕士学位论文，广西师范大学，2011，第 42～43 页。

八卦掌和太极拳等多种拳术，且对少林、武当等门派颇有研究。先后师从李存义、梁振圃、李景林、杨澄甫等，深得各位武学名家的精髓。

自1930年起，褚桂亭受邀担任国民政府警卫队、军政部、南京市警察局的武术教官。其间，为了提高部队的战斗力，加强保安队士兵的作战能力，褚桂亭针对国民政府部队刺枪术的弱点，先是联合师弟傅长荣以五行拳、形意连环拳、形意刺枪术及形意劈刀为主体内容创编了一套教材，而后又以“形意刺枪术”和“形意劈刀术”为主要内容教授江苏保安队官兵。[1]

他主编的《国术教范》充分考虑了保安队的操练特点，主张实战，简单易学。如“各式于开始之前，如立正半面右转诸姿势，俱按现行操典草案规定是行之，然后如拟练五行拳时即下开式口令”，“本教范刺枪术分为两种，一种用步枪，为磨炼腕力，预备冲锋，实际运用；一种用木枪，为素日考比成绩优劣”。此外，该教材在开头部分就详细分析了武术在热兵器战争时代的作用，“近今火器日精，射击远速，其势猛，其效大，实占战斗之大部分。然遇密雾暗夜，风雨交加，或为地形使困或彪悍之敌，又非近战不可者，是根刺枪也，劈剑也，军队中又有此种近战之技术，待其动作简陋，沿而不巧，求之实际，恐不能断其必能应用也。武术一门，陆离光怪，电掣风驰，动作敏捷，神妙莫测，徒手教练，体操可代，持械教练，劈刺兼能，既可制敌，复可强身，合古法与今法，为一家融体育技术为一种，省时间之虚靡，保国粹之沉沦，诚一举而所得也，军队中又为乌得不採，兹分编述其动

[1] 褚玉诚、唐才良:《一本在抗日战争中发挥过作用的〈国术教范〉》,《搏击》2013年第7期。

作如后。”[1]这使得武术训练在当时武器装备落后的中国军队中深受欢迎。

第二节　解放区武术运动的开展

一、军事武术运动的开展

（一）长征之前武术运动的开展

1927 年，中国共产党创建了中国工农红军，并先后开辟了井冈山等革命根据地，建立中华苏维埃共和国临时中央政府。苏区的领导同志们积极带头参加体育活动，如闽南根据地的领导郭滴人、邓子恢、张鼎臣组织过拳术馆、“铁血团”等武术团体，吸收更多的民众参与习武练兵，不断增强军队的战斗实力。[2]其中的中华苏维埃共和国赤色体育会负责组织领导群众开展“普通操、器械操、拳术、球术、田径赛、劈刺、竞争游戏”[3]等运动，这些也都是武术文化与军事训练相结合的典型代表。随着“建立一支活泼、敏捷、生动、钢铁似的军队”这一口号的提出，结合军事训练的武术在红军中备受重视，如拳术、摔跤、刺刀、劈刀，再加上跑步、爬山、跳跃障碍、投掷手榴弹、过独木桥等，训练效果明显。

1929 年 12 月，中国工农红军第四军第九次党的代表大会在

〔1〕褚玉诚、唐才良：《一本在抗日战争中发挥过作用的〈国术教范〉》，《搏击》2013 年第 7 期。
〔2〕蔡宝忠：《红色记忆：抗日战争时期的武术活动》，《武术研究》2017 年第 10 期。
〔3〕中央教育人民委员部：《俱乐部纲要》，1934 年 4 月颁布。

福建省上杭县古田村召开，这就是历史上著名的“古田会议”。毛泽东在这次会议上起草的《中国共产党红军第四军第九次代表大会决议案》中明确规定，以大队为单位，充实士兵会娱乐部的工作，做各种游艺，如捉迷藏、踢足球、音乐、武术、花鼓调、旧剧等。这一决定也明确提出了将武术作为军旅训练的重要内容，当时苏区红军各师俱乐部体育组中设有四个股，即武术、田径、劈刺、球术。武术股以开展拳术为主，劈刺股以劈刀和刺枪为主，同时提倡以角力训练搏杀技能。[1]这些内容经常在集会上表演。在体育运动会上，也少不了刺杀、舞刀、打拳等内容。这些技能是每个红军战士必须要掌握的。

1931年，中国共产党已经建立了赣南、闽西等多个革命根据地。军旅武术训练也在红军中开展得如火如荼。在苏区以彭湃、杨殷两位烈士命名的军政学校都将打军拳列为学生的必修内容。[2]所谓打军拳，就是在战场上徒手防卫、擒敌的实用拳法，在早晚训练时，先打军拳，既热身又提高实战技能，然后再练刺枪、投弹等结合枪械的军事科目。此外，在军旅武术中，比较有特色的要数旷继勋烈士率领的红二十五军。这支军队除了进行日常的打军拳和刺枪、投弹等练习之外，还由部队中会武术的战士率领大家练习猴拳，这进一步提高了战士们在战场上实战杀敌的本领。

1933年，红军在福建取得永平寨战役的胜利之后，在当地召开了由红军、地方武装及当地民众参加的军事运动会，其中的

---

〔1〕林伯原：《强壮活泼，浴血杀敌——中国人民革命战争年代的武术》，《中华武术》1992年第5期。

〔2〕蔡宝忠：《红色记忆：抗日战争时期的武术活动》，《武术研究》2017年第10期。

比赛项目包括打拳、劈刀和刺枪等内容。随后，1934年湘赣军区政治部为提高军事素养，适应战争实战需要，举行了赤色体育运动大会。大会规定："劈刀"为红军部队军事竞赛项目；"杀梭标"为地方赤卫队竞赛项目。可见，当时解放区内的红军队伍对武术相当重视。

（二）陕甘宁边区武术运动的开展

红军长征到达陕北后，条件仍然非常艰苦，但军事训练活动中依然少不了武术内容。马海德在《忆延安时期条约活动》一文中提到，耍大刀，军队训练时有这门课，然后像滚雪球一样，由军人做教练，把民兵、老百姓组织起来，成了全区的运动。以后还组织这个项目在运动会上进行比赛。[1]尼姆·威尔斯在《续西行漫记》中写道，每天下午，人们都参加身体锻炼，对面一片红军拼命练习拳术和大刀的叫喊声都听得非常清楚。

陕甘宁边区在体育活动的开展上，提倡中国化、大众化和军事化，因此武术在边区文化娱乐、健身活动中始终占有相当重要的位置。主要表现为三个方面：一是边区开展的武术活动丰富多彩，既有力量训练的举石担、石锁，又有各种拳术和刀、枪、剑、叉等器械，同时还开展了射箭、摔跤的比赛和表演，用于强体祛病的太极拳、八段锦等也得到推广。二是女子武术活动蓬勃发展。在苏区，虽有劳动妇女参加的劈刀比赛，但为数不多，而在延安，则有很多妇女都参加了习武活动。妇女自卫队的主要武器就是板刀和红缨枪。三是武术的表演与比赛相结合，形式多样，生动活

〔1〕蔡宝忠：《红色记忆：抗日战争时期的武术活动》，《武术研究》2017年第10期。

泼。在边区的一些大型运动会上，劈刀和刺枪往往被列为团体竞赛项目，并有打拳、劈刀、摔跤的表演。[1]

（三）新四军军事武术的开展

新四军是在中国共产党领导下的一支革命军队。这支革命军队在极其艰苦的敌后斗争环境中，坚持开展各种形式的体育活动。

1938 年，新四军进驻皖南，此时军事环境相对稳定，军队中的体育活动得以快速开展。上自军长叶挺、副军长项英，下至一般将士都参与各种体育活动。其中体育锻炼的活动内容主要分为两类：一类是结合在日常生活、战斗中，不拘形式；另一类是举行不同规模的体育运动会或单项比赛。然而，不管是哪种体育锻炼活动，武术均为比赛或表演的必选项目。其表现形式多为单人和集体的拳术、刀术。目的非常明确，就是强化军事武术的实战杀敌功能。

1939 年 5 月，新四军在安徽泾县云岭山下的中村举行了一次规模盛大的运动会。拳术表演和大刀对劈成为多数将士的必备技能。战士们军旅武术技能的提高也受到了军副参谋长兼教导总队长周子昆、军部处长张经武、军政治部主任袁国平的称赞。

1942 年 9 月，时值抗日战争最艰苦的时候，毛泽东为延安首届体育节题词："锻炼体魄，好打日本。"进一步指明了体育为当时民族战争服务的正确方向。在这段时间，作为中华民族优秀传统文化代表的武术发挥着重要作用。战士们通过练习军旅武术提高自身实战杀敌本领，这弥补了我军编制扩充但武器装备不

---

〔1〕林伯源编著《中国武术史》，北京体育大学出版社，1994，第 445 页。

足的弱点。

二、群众武术运动的开展情况

在抗日战争这样一场关系中华民族生死存亡的伟大的民族解放战争中，革命根据地的普通民众以武功保家卫国，建立了不朽的功勋。

以浙南地区为例。在浙南革命根据地数十年的斗争中，武术发挥了特殊作用，为中国共产党发展革命势力、保卫革命成果做出了巨大贡献。作为较早开辟的革命根据地，浙南地区在1924年就建立了中国共产党组织。1927年后，在中国共产党的领导下，农民武装暴动风起云涌，声势浩大。

由于浙南地区位置较为偏僻，交通不便，因此，根据地的革命斗争只能利用各种可能的形式进行。根据地的武术运动正是在这样一种背景之下开展起来的。李英才于1927年担任中共瑞安县肇平垟村党支部书记，而他也是当时瑞安、永嘉一带的武术名师，他利用教拳行医隐蔽自己、开展工作。李英才借助教拳的名义团结贫雇农，组织农会，发动二五减租，建立赤卫队，同当地土豪劣绅进行坚决的斗争。

李英才牺牲后，其儿子李平在中共瑞安县委委员、东区区委书记陈文征的领导下，以教拳的名义在东区一带继续进行地下革命活动。除此之外，当时的中共平阳县委书记郑海啸、武运部长林军中也都是武术好手。[1]

浙南革命根据地在对敌斗争的艰难岁月中，坚持了以南拳为主的集体武术锻炼，在节日的庆祝活动中，武术也成为民间表演

〔1〕蔡宝忠：《红色记忆：抗日战争时期的武术活动》，《武术研究》2017年第10期。

节会上最受欢迎的节目之一。

在其他解放区，群众所参与的体育活动仍然以武术为主，如拳术、对练、舞剑、花枪、朴刀等。中共龙岩县委通过开展武术活动，先后发展了大批有一定武功的党员和秘密农会会员。根据地的共青团、少先队和儿童团中最主要的训练内容也是武术。

第三节　抗战胜利后民间习武组织与拳种流派传承

抗日战争胜利后，民间习武组织呈现一种自然发展的缓慢的态势。传承虽然缓慢，但是并未中断。这一时期的民间武术依然涌现出如王芗斋、傅长荣、吴鉴泉、陈微明等代表性传承人物。他们以武医结合、组建工人武术协会、学校武术协会以及海外武术分会的形式继续传承本门派的武术。这也为中华人民共和国成立以后武术再次繁荣起到了重要作用。

一、意拳的创立与传承——王芗斋

意拳又称大成拳，是我国传统拳术之一，属于内家拳，源于心意拳，其拳理体系包括站桩、试力、步法、发力、试声、推手、单操手、断手、健舞，是王芗斋在形意拳基础上汲取众家之长创立的。

王芗斋，名政和，又名尼宝，字宇僧，晚年自号“矛盾老人”，河北深县（现深州市）人。王芗斋自 1894 年师从郭云深学习形意拳。因其终年苦修苦练，寒暑不辍，深究拳理，备受郭老青睐，故尽得郭老毕生拳学之精髓。1907 年前后，王芗斋为开阔眼界，增长见闻，离师出游。1913 年，王芗斋受聘主持陆军部武技教练所教务工作，得与刘文华（刘奇兰先生之子）、尚云祥、孙禄堂等拳术名家切磋交流，取长补短，技艺日臻精深。1918 年，为进一步探索我国传统拳学的真谛，王芗斋先后抵达了嵩山少林寺、南少林寺等地，并与心意拳传人恒林大和尚、心意拳名家方恰庄、鹤拳名家金绍峰等武学名家交流心得。20 世纪 20 年代中期，王芗斋对多年出游搜集的第一手材料加以整理、总结和研究，创立了面目一新的意拳。意拳无套路及固定的招式招法，之所以取名意拳，是为了强调“意”在拳术训练过程中的重要作用。意拳的创立是我国传统武术的一次重大革命，引起武术界的极大震动。

最早的意拳弟子为齐执度叔侄三人。王芗斋前往天津拜访师兄张占魁，并在天津太古公司和青年会设帐传授意拳，有赵道新、顾小痴、马其昌、郑志松、苗春雨、张宗慧、裘稚和、赵逢尧、赵佐尧、张恩桐等从学。此时的意拳已初步形成了无套路和固定招法的新颖拳术，包括站桩、试力、试声、走步、发力、推手、散手等训练内容，已不同于传统的形意拳。1928 年，应张之江、李景林的邀请，王芗斋携义子赵道新，伴张占魁赴杭州参加民国时期第三届全国运动会的武术比赛，任大会裁判，并在大会上表演了意拳的试力（含试声）。会后，应师兄钱砚堂之请赴上海传授意拳，在牛庄路成立了“意拳社”。当时有名家高振东、朱国禄、朱国祯、张长仪、张长信、尤澎熙、韩星桥、韩星垣、卜恩富、王叔和、马建超、宁大椿等拜学意拳。1929 年，王芗斋写出《意拳正轨》一书。在沪期间，他曾与心意六合拳名家吴翼翚交流技艺，还击败了匈牙利籍世界轻量级职业拳击冠军英格。1935年，王芗斋携弟子卜恩富、韩星桥、张长信、张恩桐等回深县，进一步研究意拳。1937年，应北平名宿张玉衡、齐振林的邀请，王芗斋赴北平定居。同年秋，北平名拳师洪连顺造访王芗斋，三试三败，遂率徒众拜师。1940年初，王芗斋在北平《实报》公开发表声明，欢迎武术界人士亲临赐教，以武会友，共同研讨武术发展，借以倡导意拳并阐明拳学真义。随后中外来访者不断，其中包括代表日本参加第11届奥运会摔跤比赛的柔道六段八田一郎和当时是日本柔道五段、剑道三段的泽井健一，王芗斋技服来者。泽井健一遂从学意拳，后回日本创"太气拳"。1944年，王芗斋在《意拳正轨》的基础上，写出了代表作《拳道中枢》（又名《大成拳论》）。

抗战胜利之后，王芗斋每日清晨到太庙散步。知情者相聚跟王芗斋习站桩。随着练习人员的逐渐增多，1947年由王少兰、秦重三、胡耀贞、陈海亭、孙文青、李健羽、于永年等人发起，呈请设立意拳研究会于太庙东南角小亭中，王芗斋任会长，倡导以意念诱导与精神假借为主要手段的大成拳站桩功。每天早晨在这里练功者达百余人。这为以后开展站桩疗法打下了牢固的基础。

二、形意拳主要流派的传承——傅长荣

中国武术分为内、外家两大类，内家拳以太极拳、形意拳、八卦掌为三大流派。形意拳形成拳宗最早；八卦掌形成流派最晚。古人有"太极十年不出门，形意一年打死人"的说法，实际上讲

的是形意拳出功夫快，又非常实用。在解放战争时期，傅长荣和高童柏作为形意拳的代表拳师将这一流派进一步发扬光大。

傅长荣，字剑秋，1879 年出生于天津。1903 年先随郭云深弟子申万林习形意拳，1909 年再拜李存义为师。后来又拜八卦掌掌门人刘凤春为师。因此，傅长荣是武术界少见的太极、形意、八卦全能武师。1919 年傅长荣到奉天开馆收徒，曾击败俄国大力士。还担任过张作霖的近身侍卫，同时教授张学良、韩光第、胡文通等奉军要员形意拳功夫。

1933 年，经江苏省国术馆褚桂亭介绍，傅长荣出任当时驻军无锡惠山的项致庄部的武术总教官，传授形意拳与劈刀术、刺刀术，并和褚桂亭共同编写了当时江苏保安队用于军旅武术训练的《国术教范》教材，使习练官兵的体能和技能得到很大提高。该部队参加了 1937 年淞沪会战，屡建奇功。值得一提的是，此时高童柏已正式拜傅长荣为师，学习形意拳、太极拳和八卦掌等，同时高童柏还担任傅长荣的助教，协助傅长荣在部队从事教学工作。

1934 年，傅长荣在杭州结识了杨澄甫的门人牛春明，并义结金兰，相互学习。傅长荣从牛春明学太极拳，牛春明从傅长荣学形意拳。1944 年，由范震远牵线，联络董焕文、钱康仪、杨定香、沈宪章、安寿梓、厉鼎盛、蒋蓉卿、蔡荣生、秦育万等人，让高童柏专程至杭州，聘傅长荣来无锡。傅长荣寓居于崇安寺，每天早晨和傍晚两次在崇安寺授课，从学者、拜师者日益增多。1946 年，以傅长荣所传学员为主，联合无锡多位武术家，组织成立了“无锡市国术研究会”，聘请傅长荣为主教练，范震远为主任、高童柏为副主任。1957 年，该会更名为无锡市武术协会筹备委员会，宁大椿任主席，范震远任副主席。武术事业得以深深扎根在无锡的群众中，傅长荣功不可没。

除此之外，值得一提的还有无锡申新三厂门卫鲍痴虎发起并创立的“申新国术会”。无锡解放前夕，国民党开始撤退，一些反动资本家破坏工厂机器。申新三厂的工人们为了保护工厂，联合厂内武术爱好者成立“申新国术会”，纷纷习武练拳以强身自卫。该会聘请武术名家高童柏教授太极拳、形意拳等，入会者有数十人，均为厂内工人。1949 年无锡解放后，该会解散。

高童柏，名厚君，无锡人。高童柏早期师从宁大椿学习中医，回到无锡后自行挂牌行医，后又改习针灸伤科，成为当时北塘医院三大伤科医生之一。1933 年，高童柏拜傅长荣为师学习形意拳和八卦掌，也成为傅长荣在南方地区最早的徒弟。高童柏生性颖悟而好胜，与师兄弟辈较辄胜，亦喜与外人相较，互有胜负，故其散打功夫多从实践中得来。高童柏一生中所教学生甚多，其中比较著名的有宋道元、王永茂、杨志刚、薛海勇、吕宗岳、李守文、王世泉、李义、姚汝南、王良人等。

三、太极拳主要流派的传承

太极拳的定型与流派演化主要集中于明末清初和清末民初（形成了陈、吴、杨、武、孙五大流派），并在民国时期发展至高潮。在全面抗战和解放战争时期，太极拳这一拳种的民间武术组织纷纷涌现。

（一）致柔拳社

致柔拳社，专门研习太极拳、太极剑。社名取自老子“专气致柔”之意。由湖北省蕲水县人陈微明创建于 1925 年 5 月，社址设在上海“宁波旅沪同乡会”。1926 年起，先后在苏州、广州等地设立分社。

1931 年起，该拳社增设函授部。拳社学员数以万计，遍布海内外，使原来流传于北方的太极拳普及到南方，并影响至海外，鼎盛时期曾被誉为武术界的“孔门”。20 世纪 50 年代后期，因陈微明逝世及其他一些原因，致柔拳社停止活动。特别值得一提的是，陈微明创办的致柔拳社曾出版《太极拳术》《太极剑术》《太极问答》三种专门的太极拳刊物，以此扩大了太极拳宣传的规模。

（二）鉴泉太极拳社

1932 年，吴式太极拳创始人吴鉴泉为研究、传播吴式太极拳创建了鉴泉太极拳社，并亲任社长。1942 年吴鉴泉逝世后，其女吴英华继任社长。吴英华是吴鉴泉的长女，自幼从父学习太极拳。这一时期，鉴泉太极拳社主要传授由吴鉴泉汲取各派太极拳之精髓充实修改而形成的吴式太极拳。1937 年，吴鉴泉长子吴公仪在香港成立鉴泉太极拳分社，担任社长。其后，吴公仪携其弟吴公藻在南洋等地成立海外分社，这对吴式太极拳的海外传播起到了积极的作用。

（三）其他

除上述两个拳社之外，亦有 1927 年在上海创建的汇川太极拳社、1934 年创办的豫章太极拳星期班、武当太极拳社、郝氏太极拳社等专门的太极拳民间传承组织。但因抗日战争导致传承出现断层，关于这些民间武术组织的文字记录相对较少。

四、其他民间习武组织与拳种流派的传承

除了上述主要流派之外，这一时期的民间习武组织与拳种流派亦存有一些较为零散的文字记录。

（1）1946 年，福建南平漳湖镇溪口村以组织国术馆为名，吸收 20 多名贫苦农民入馆，组成了一支由中共南平县委领导的秘密游击队。他们一边练习武功，一边协助党组织进行秘密工作，发动群众，宣传群众。至 1947 年 7 月，该组织发展壮大至 70 余人。

（2）子仁武术研究团：1946 年至 1949 年，在苏州玄妙观附近，由王子仁创办，传授少林禅门拳术。王子仁，北京人，贫农出身，高中文化。20 世纪 20 年代中期和抗日战争初期，先后在沈阳、重庆等地的部队中任武术教官 8 年。1932 年任重庆江北县（现为重庆市渝北区）国术馆馆长并教授形意拳。

（3）华斌体育学社：1947 年由马凤图于兰州创立，主要传授八极拳及劈挂拳。马凤图与其弟马英图皆是中国近代著名爱国武术宗师，长期投身于民族解放的正义事业，精通八极拳、劈挂拳、六合枪法、唐刀战法等，并在前人基础上有所创新，把中原地区的通臂拳法传入西北并自成一家。1945 年抗战胜利以后，马凤图出任西北师范大学体育系兼职副教授，其间为教课之需，创编了后来被列为劈挂拳第四路的太淑拳。

（4）晨光武术健身社：1946 年至 1949 年，在苏州吴江开展活动，由郎梅春创办。

（5）苏州市青年国术研究社：1947 年至 1949 年，在苏州

玄妙观内组织武术教学。

（6）广东太极联谊社：1947 年成立，位于广东广州，由付振嵩担任社长。

第四节 近代武侠小说的盛行

武侠小说是以侠客为题材，描述快意恩仇的江湖故事，传递武侠精神特质的通俗小说的统称。作为文学的重要形式，武侠小说在民国时期呈蓬勃发展之势，其在中国文学历史上占据着一席之地。它的出现折射出民国复杂的社会、文化因素。

一、清末民初武侠小说概览

19 世纪后期，中国社会发生了翻天覆地的变化，都市文化圈和市民阶层构成现代通俗武侠小说的基本读者群。普通民众身处乱世之中，自身的命运如同大海孤舟不能自已。正是目睹社会上种种不平现状，而自己对此又无能为力，芸芸众生往往愿意逃避现实而易于沉溺幻想，寄希望于侠客、壮士横空出世以扫人间的黑暗和不平的渴望，这为武侠小说的创作提供了无限空间。中国武侠小说的盛行也是中国人民长期被封建专制压抑而现实又无法满足的产物。

这一时期又是武术人物辈出的时代，他们的行踪与事迹成为人们茶余饭后的谈资，坊间传闻与传奇故事不绝于耳。各种离奇故事也为武侠小说的创作提供了鲜活的素材和真实的场景。在积贫积弱和民族自信与尊严被严重践踏的年代，哪怕微不足道的为国争光都可能被无限放大，成为英雄事迹而广为传扬。民国的武术家群体就是这样一个被高度关注的群体，他们的故事经过简单加工就能成为坊间传颂的对象。

清末民初武侠小说市场的火爆程度是难以想象的，超高的销量和巨大的市场也推动了作家从事武侠小说的创作。曾做过杂志主编的瞿秋白曾感慨，“五四”式的一切种种新体白话书，销路充其量只有两万。例外是很少的。而符合市民需求的武侠小说发行量动辄十万，这在当时是令人瞠目的数字。〔1〕张恨水回忆自己写连载小说《啼笑姻缘》时说：“报社方面根据一贯的作风，怕我这里面没有豪侠人物，会对读者减少吸引力，再三地请我写两位侠客。……我只是勉强地将关寿峰、关秀姑两人，写了一些近乎传说的武侠行动。”〔2〕

1905 年，梁启超的《中国之武士道》一书出版，其强烈的民族主义色彩在知识精英中产生强烈共鸣，崇慕武侠精神成为时尚。1908 年夏，著名报人黄世仲以禹山世次郎的笔名写了《洪秀全演义》并发表，这是民国初期较有影响的武侠小说。章太炎在为《洪秀全演义》写的序言中说：“夫国家种族之事，闻者愈多，则兴起者愈广。”〔3〕他呼吁：“洪王朽矣，亦思复有洪王作也！”〔4〕叶楚伧早年参加同盟会，很有侠气，1917 年他以“叶小凤”为笔名写了武侠小说《古戍寒笳记》，成为民国初年蜚声

---

〔1〕瞿秋白：吉诃德的时代，转引自李海燕：《民国武侠小说流变研究》，硕士学位论文，西南大学，2013，第 16 页。

〔2〕李海燕：《民国武侠小说流变研究》，硕士学位论文，西南大学，2013，第 16 页。

〔3〕王吴军：《民国时期的武侠小说风》，《档案记忆》2016 年第 6 期。

〔4〕章太炎：《洪秀全演义 · 序》，转引自章炳麟著，汤志钧编《章太炎政论选集》上，中华书局，1977，第 307 ～ 308 页。

文坛的作家之一。有过军旅生涯的何海鸣、姜侠魂与杨尘因等也参与了武侠小说的创作。如何海鸣写有《朔方健儿传》，姜侠魂除了主编专业书籍《国技大观》，还连续发表《风尘奇侠传》《南北奇人传》《雍正一百零八侠》《女子武侠大观》《飞仙剑侠骇闻》等多部武侠小说，杨尘因写有《龙韬虎略传》《英雄复仇记》《爱国英雄泪》等武侠小说。民国初年，较有影响的武侠小说还有《刺客谈》《女侠客》《侠义佳人》《爱国双女侠》等作品。

在民国初年的武侠小说作者中不乏享誉海内外的名家学者，以成功翻译《巴黎茶花女遗事》《黑奴吁天录》著称的林纾曾撰写脍炙人口的《傅眉史》《京华碧血录》《技击余闻》等武侠小说。上海《时报》总主笔陈景韩以“冷血”笔名发表的武侠小说《侠客谈》，被称为“中国现代短篇小说的开山之作”。曾主笔上海《新闻报》《申报》《舆论新闻报》的孙玉声，以“海上漱石生”的笔名发表《飞仙剑侠大观》《仙剑五花侠》《嵩山拳叟》《九仙剑》《金钟罩》等十余部武侠小说，对其后的武侠小说影响极大。身为沪江大学教授的胡寄尘发表了《黛痕剑影录》《女子技击大观》《罗霄女侠》等武侠小说。同济大学教授陆澹安撰写的武侠小说《游侠外传》《百奇人传》盛极一时。民国初年武侠小说的盛况，既反映了当时普通市民阶层的精神诉求，也反映了提倡白话文后武侠小说在当时文学创作中的主流地位。

二、民国时期武侠小说创作的杰出代表

（一）南向北赵

民国时期，武侠小说在对人性的挖掘、叙事技法的尝试等方面有了很大的改进，逐渐形成了以天津、北京两个北方都市为中

心的北派小说和以上海为中心的南派小说两大流派。南派代表莫过于湖南的平江不肖生——向恺然，北派的代表则是河北的奇侠精忠——赵焕亭，二者当时在武侠小说界有个称号“南向北赵”。

1. 平江不肖生——向恺然

说起“南向北赵”，第一个要讲的肯定是“南向”，也就是向恺然（图 4–4）。

图 4–4　向恺然像

向恺然，湖南平江人，笔名平江不肖生。他从小文武兼修，文学、武术两者均有深厚造诣。他两度赴日本留学，系统学习日本柔术，他经常与日本柔术家、剑术家切磋，这使他的功夫有了很大的进步。向恺然回到中国后，曾在湖南创办国术训练所和国术俱乐部，并长期在国术馆和军界任职。向恺然认识非常多的武术界人士，从他们口中听到了很多武林逸事和各种奇奇怪怪的武林绝技。1922 年，应上海世界书局之约，他开始专心从事武侠小说创作。他的武侠小说处女作《江湖奇侠传》（图 4–5）一炮打响，一再续写，奠定了他在武侠小说中的地位。

图 4–5 《江湖奇侠传》初版封面

继成名作《江湖奇侠传》之后，向恺然以笔名平江不肖生先后发表《近代侠义英雄传》《江湖大侠传》《江湖小侠传》《江湖异人传》《现代奇人传》《半夜飞头记》《猎人偶记》《江湖怪异传》《烟花女侠》《双雏记》《艳塔记》《滴血神剑》等。根据《江湖奇侠传》改编的电影《火烧红莲寺》大受欢迎。

他的创作既有对清朝侠义、公案小说的深入挖掘，如《江湖奇侠传》，又融入了清末民初湖南地方的乡野传奇、江湖奇谈、宗族械斗、帮派火并等传闻逸事，以及江湖勾当、武功技击和法术、飞剑等内容。戊戌六君子之一的谭嗣同、豪侠大刀王五和大侠霍元甲的生平事迹，也成为他创作的素材。他将这类人物传记和武侠小说融合进行再创作，将人物的事迹和命运通过小说进行演绎，表现了人物的民族精神和侠义气概，表达了强烈的抗日爱国情怀，引发全社会的强烈共鸣。向恺然可以说稳坐 20 世纪 20 年代国内武侠文坛的第一把交椅，引领了南方武侠小说潮流。

2. 赵焕亭

“南向北赵”的“北赵”就是赵焕亭（图 4-6），他独撑 20 世纪 20 年代北派武侠文坛。

图 4-6 赵焕亭像

1923 年，赵焕亭写了他的第一部小说《奇侠精忠全传》（图 4-7），此书一出世便和平江不肖生的《江湖奇侠传》并称。赵焕亭虽然没有像向恺然一样学习武术，但是他平时注意观察武打动作，经常拜访一些武术大家并且注意搜罗江湖上的奇闻逸事，因此他的文章比较生动逼真。抗日战争爆发后，赵焕亭就基本退出了文坛，为了谋生，他只能靠写书法卖字为生，此后他也就没有武侠新作问世了。

图 4–7 《奇侠精忠传》第一集书影

（二）其他具有代表性的武侠小说名家

进入 20 世纪 30 年代后，中国武侠小说作家不断涌现，同时代的武侠小说作家有文公直、姚民哀、顾明道，当时最出名的就是“北派五大家”，即李寿民、宫白羽、王度庐、郑证因、朱贞木，他们每人都写出了十几部上百万字的作品。他们在继承前人优秀特点的基础上求新、求变。他们的作品代表了当时武侠小说的最高水平，即使与后辈相比，也没有太大的差距。

以李寿民、郑证因为例。

李寿民（图 4–8），绰号“还珠楼主”，出生于四川，官宦世家子弟。他代表了民国武侠最为荒诞、最为怪异的一派，他的作品将神话、志怪、剑侠、武侠融为一体，同时进行了高度哲理化、

图 4-8　李寿民像

艺术化的想象发挥。1932 年春，李寿民的旷世奇作《蜀山剑侠传》问世。他创造的巍峨瑰丽的仙侠世界，对后世的武侠以及仙侠创作产生了极其深远的影响。《蜀山剑侠传》（图 4-9）一书，从 1932 年一直写到 1949 年，约 500 万字。此外，李寿民还有一个非常著名的系列剑侠小说，即《青城十九侠》《峨眉七矮》《柳

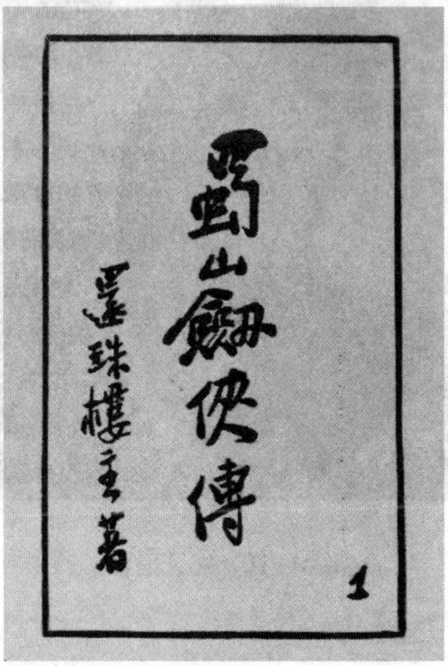

图 4-9　《蜀山剑侠传》书影

湖侠隐》《北海屠龙记》《蜀山剑侠新传》等。

郑证因（图 4–10），武术大师，他最初与白羽一起合作，是白羽的技击顾问，由他来创作交战的招式，画成草图，然后白羽用文字来描述。他们合作了几部小说之后分道扬镳。于是，郑证因开始创作小说，用来谋生。因为自身拥有不俗的武艺，又对江湖帮派熟悉，所以郑证因的小说，人物刻画恰当，技击描写出神入化，看起来真实而又过瘾。不仅如此，他还十分高产，创作武侠小说近百部。因为大多数主角都偏于粗犷豪放，一身侠气，再加上多描写江湖帮派的热血搏斗，所以他的作品被称为帮会技击派。虽然现在他的小说已经不见流传，但他的写作手法，还有他描绘的技击方式仍然被使用着。

图 4–10 郑证因像

三、武侠小说盛行的原因

秦汉之后，儒家思想为统治阶级所利用，而武侠精神则存留于民间。武侠追求人格上的独立和精神上的平等，显然，这是封建专制阶层不允许的。

清末民初，革命家如谭嗣同，小说家如顾明道、文公直等大力提倡武侠小说，认为武侠小说可以“壮国人之气”，“挽颓唐之文艺，救民族之危亡”，这正是明清时期武侠小说格局提升的结果。[1]武侠小说的创作需要作者有自由想象的文化空间，从1931年到1949年，中华民族进入了战事频发的时期。自由知识分子虽受战争困扰，但对武侠小说的创作热情不仅未曾减弱反而更加高涨。武侠小说不仅纵横大江南北、黄河上下，更是漂洋过海波及南洋。战争对于普通百姓而言无疑是无法躲避的灾祸，它与恐惧、死亡、饥荒和无家可归联系在一起，武侠小说也许是战时缓解人们紧张情绪的精神良药。

民国时期武侠小说盛行，得益于国民政府提倡武术为国术的风气。武侠是平民意志的延伸，反映了国家当时内忧外患，老百姓不得不逃避现实，幻想书中的英雄人物来救国救民，同时也反映了广大民众追求人格独立和精神自由的梦想从未破灭。作为追求独立精神标志的武侠小说也就有了存在和绽放的空间。

（一）尚武之风盛行

武侠小说在文学界占据着一席之地，但是很多正统文人一直不认可它的地位。他们认为武侠小说有“宣传暴力”的倾向，大

〔1〕林遥：《中国武侠小说史话》，上海文化出版社，2018，第121页。

多数故事都是虚无缥缈的，和政治教化毫无关系可言，不能登大雅之堂，因而被弃之一边长期禁锢。存在即合理，武侠小说之所以产生、发展，说明有其合理的地方。虽然武侠小说受到众多批判，但是我们不可否认武侠小说的魅力，因为大多数武侠小说中充满了积极向上的精神，表现出反抗邪恶、坚持正义的理念，弥漫着浩然正气和浓郁的民族忧患意识，可以激发人们的民族自信，维护民族自尊，起到了振兴中华民族的历史作用。中华儿女都有一颗侠义之心，人们都愿做作者笔下的主人公，这正是武侠小说盛行的原因。

（二）国难当头的精神诉求

武侠小说的创作和当时作者身处的环境密切相关，作者往往通过作品来表达自己内心真实的想法。众所周知，清朝末年，国势衰微，人们处在水深火热之中。在国家、民族存亡的危急时刻，平民百姓情绪低落，因此以平江不肖生等人为代表的小说家希望以武侠小说煽起“精武救国”的社会热情，摆脱“东亚病夫”的耻辱称号。武侠小说中的英雄人物，他们为维护民族自尊、国家利益，对异族的挑衅给予了最强烈的反击，哪怕横尸沙场、血溅五步也在所不惜。这些英雄人物逐渐成为当时人们崇拜的对象、效仿的榜样，从而激发了全国民众抗击外族入侵的爱国激情。武侠的形象也成为近代中国从身体到精神再到国家改造的新希望。[1]

〔1〕刘启超、戴国斌、段丽梅：《近代中国“武侠”再造与“武德”型塑之研究》，《体育科学》2018 年第 5 期。

由此可以看出，中国近代武侠小说的盛行，对国人的精神是一种振奋，对大众强健体魄是一种促进，更是对“东亚病夫”这一耻辱称号的一种反抗。大众通过阅读武侠小说，明白了一个侠者对社会的重要作用，他们成为自强不息的楷模。除此之外，有的武侠小说也反映了当时中国社会中存在的贪官污吏、欺行霸市等现象，武侠小说被民众寄予了殷切期望。武侠小说中的侠义精神重新唤起了大众的民族意识，并且激发了人们的尚武精神。受武侠小说的影响，当时小伙子大多去武馆学习武术，并成为抵御外族入侵的中坚力量。

第五节 民国时期武术体育化的历程

民国时期，武术经历了由个人防卫向近代体育转变的过程。由于武术实践以人体运动为主要形式，其练习过程对人体健康具有促进作用，故而，当西方体育传入中国后，人们自然将其纳入体育的范畴。西式体育的“洋操”最早也是出现在中国军队中，其功能与武术又多有相似之处，因此，人们极难将两者进行区分。随着近代新式学堂的兴办和西方体育的引进，在洋务派“自强”思想和其后资产阶级革命派“强种保国”军国民主义教育思想的影响下，具有军事体育属性的传统武术进入新式学堂已成为趋势。

一、武术教育课程化对武术体育化的影响

武术体育化的重要标志之一是武术教育课程化。将武术纳入教育体系就要按照体育课程的要求，对武术教育的目标、武术教

学的内容、武术师资培训的规格及武术教学活动进行规范。通过武术课程向学生系统地传授武术技能、知识。传承武术文化是学校武术教育的核心问题，同时武术必须按照体育课程的要求达到教育、健身、娱乐的目的。

在武术体育化的过程中，传统武术的传习手段、内容、方式发生了根本性变化。原来师徒间言传身教的秘密授拳被师生间公开的班级武术教学所取代；传授对象和目的由过去的择徒拜师、传承武艺，向武术教师面对既定学生并完成教学任务的授课转变；严格的择徒要求、拜师程序和所遵循的传统师徒伦理关系及其扩散形式被新型的师生关系所取代；由以道德为第一标准，师徒间有严格的责任与权利的规定向以技艺传授为主而道德教化弱化转变；由闻鸡起舞及冬练三九、夏练三伏的练习方式，向定时、定点、定员的课堂教学方式转换；由以某一拳种流派的严格训练程式，即“打练结合”和“防身、健身和修身”三位一体的“谱系师传”的规定内容，向以标准化、规范化、注重外在形式的新编套路为主要内容的训练转变等。武术体育化的过程对武术的影响是极其深远的。[1]武术教学课程化既有排除传统武术中的封建迷信思想和落后文化，借鉴近代体育的形式和科学方法的一面，又有不利于传统武术继承的一面（表4–2）。

〔1〕李印东、李军：《从“土洋体育之争”的历史文化背景谈西方体育对武术的影响》，《北京体育大学学报》2010年第4期。

表 4-2 传统武术向近代体育转化过程中的变化

		传统武术	体育化武术
主要价值目标		以搏击为核心 集防身、健身、修行于一体	以健身为核心 娱乐
师徒关系	伦理关系	模拟家庭血缘关系：师徒如父子	新型师生关系
	关系建立	拜师择徒，双向选择	校方既定的师生关系
	确定仪式	择徒—递帖—拜师	公共仪式
	传习方式	师徒间言传身教	课堂教学
传授过程	组织形式	个人或几人私约地秘密授拳	固定场地集体授课
	习练时间	冬练三九、夏练三伏，常年习练不辍，终身习练	定点、定时、按课时授课，固定学期
	场所地点	强调私密：密林僻静、偏僻场地或私人院落	完全公开：体育馆或室外场地
武德教育	伦理	将德行放在首位，“忠、信、孝、勇、礼、义、廉、耻”等传统道德融入习武全过程	没有专门的武德教育目标、手段和要求
	意志品质	专注、勤恒	
	精神追求	侠义精神、自强不息	
文化基础		中国传统文化。乡土俗文化同封闭、保守、分散的小农意识结合在一起，表现在门户之见、宗派主义、封建迷信，互不服气、明争暗斗、相互拆台，狭隘名利观、反对革新，糟粕表现为腐朽、没落的江湖义气	近代城市文化，体现民主、科学、法制的思想
理论基础		道家思想，阴阳五行学说，太极、八卦理论，兵学思想，中医学，气功等	运动生理学、运动解剖学、现代医学、运动训练学、教育学、心理学等

二、武术体育化的趋势

民国初年的传统武术以拳种门派为其存在与发展的主要形

式，以师傅为传承的核心。传统武术的对抗练习是通过拆招、喂招、对练、单练进行的。套路的练习可以提高身体灵活性等素质、展示功夫实力的高低，单个的动作练习可以掌握技击的方法，模拟对手的喂招、拆招、对练可以提高技击对抗的能力。

中国古代也有“打擂台”这种类似于比赛的形式，但由于缺少“法”的基本概念，并没有确定对抗双方胜负的比赛规则。胜负的判定方法往往是在打擂台前经双方临时协商而定，往往以被打下擂台或被打倒起不来为负。因此，虽形式上与格斗运动相似，但实则与现代竞技体育完全不同。传统武术的比试也往往在私密的环境中进行，师徒间的演招说招，同门师兄弟中的比武以点到为止；倘若其他流派的拳手主动提出切磋，往往被视为挑衅，由于关乎本门派声誉乃至于生存，往往全派上下如临大敌，比试时也以命相搏。因此，传统武术鲜有真正意义上的比赛，这也是清末民初传统武术门派林立的主要原因。

随着西方体育逐步渗透，民国时期武术体育化的步伐明显提速，武术竞技顺理成章地成为展示武术技能的平台。武术竞技也呼之欲出，欲振兴国术。非实现不怕死之精神不可。欲实现不怕死之精神。非积极提倡比试不可。凡物之能斗者。皆有不怕死之精神。[1] 1929 年，张之江提出：“按国术之性质，本为一种竞技运动，非重比赛，无以判优劣，策竞争……故之江积二年来之经验，认定国术锻炼，除含有一部分体育价值外，应注重于比赛……若提倡国术而不使之竞技化，则此种单纯之演习，既乏攻

〔1〕易剑东：《民国时期武术竞技述论》，《成都体育学院学报》1995 年第 3 期。

守之经验，无裨自卫之实用。”[1]有学者认为，应该研究我国武术竞技的标准，以便用于国际比赛，并选拔、培养专门进行国际比赛的武术人才。

民国时期，武术成为综合运动会的比赛项目。1924 年举办的民国时期第三届全国运动会上，武术被列为表演项目。在这次运动会上，人们根据武术的手、眼、身、法、步五大技术特色，制定了一个简单的评分规则。在 1933 年民国时期第五届全国运动会及 1935 年民国时期第六届全国运动会上，武术被列为正式竞赛项目，并且在规则方面也有改进。如在民国时期第六届全国运动会上，武术演练是按姿势、动作、劲力三个方面进行评判。尽管仍显笼统，但体现了武术运动的基本特点。此外，在一些地区性的综合性运动会上（如华北运动会、华中运动会等），也设有武术的表演和比赛项目。

竞技是武术体育化的必然结果，“如何比”就成为组织各类武术比赛首先要解决的问题。将西方体育竞赛方式引入武术竞赛是武术竞赛组织者现成、省事、有效和最实际的方法。然而，没有任何一项运动规则是专门为武术定制的，因而，中央国术馆组织的两次国术考试在武术竞技化道路上的探索具有里程碑意义。

中央国术馆在吸取中华全国武术运动大会经验的基础上，又较为详细地参照西方竞技体育的办赛方式，在武术比赛中设立竞赛委员会，制定竞赛规程。然而，武术竞技化之路并非“拿来”即可，探索中出现问题也在所难免。1928 年的中央国术馆第一

〔1〕张之江：《浙江省国术游艺大会汇刊·序》，载中央国术馆编《张之江先生国术言论集》，中央国术馆，1931，第 114 页。

次国术考试没有使用任何护具，短兵用的是一种用藤皮做的、有皮质包棉并有护手的器具。由于比赛采用达标赛形式，缺乏严格意义上的竞赛规则和安全措施，再加上对参加者缺乏必要的教育，故伤害事故、斗殴时有发生。1933 年的中央国术馆第二次国术考试，为了安全，散手比赛使用了拳套，以得点较多者为胜，以三回决胜负，每回规定时间为三分钟。因为强调了以点取胜，所以双方都不敢轻易进攻，躲闪跳避者为多，未能考出真正水平。

除了具体规则，在武术竞赛的理念上，学者们也有不同观点。近代武术是平衡于军事与体育之间的运动形式，在军事、武术、体育三者的关系中，偏重哪一方往往取决于武术实践者的认知。有学者主张国术考试重点应该放在演练等间接比赛上，认为拼命比赛、恶斗，足以损伤肢体，造成损失，并对中央国术馆所定规则加以批评，认为该馆所授课程，偏重搏击与击剑数项，“早有人谓中央国术馆为外国国术馆”；而张之江则认为“国术不分宗派，同来比赛，以分胜负”。他们争论的实质是武术竞技应该侧重突出拳种特色的表演还是回归武术搏击对抗的本质。这一问题即便是在已经厘清武术与军事渊源关系的今天仍然是困扰中国武术竞技化的难题。

1929 年的浙江国术游艺大会和紧接其后的上海国术擂台比赛则进行了不分体重、级别的多轮次对抗擂台赛，这两次比赛均制定了较为详细的竞赛规则，采取淘汰赛的形式，最后决出冠军。这两次比赛的间隔时间不长，多数选手两次都参加了。这两次比赛对传统武术竞技化做了大胆且较为成功的尝试，其成功举办对中国武术格斗具有十分重要的意义。

大事记

1900 年

义和团运动失败。

1901 年

清政府废除武举制。

“中华新武术”创编完成并定名。

1902 年

2 月，蔡锷以奋翮生为笔名在《新民丛报》连载了《军国民篇》。

1904 年

梁启超撰写了《中国之武士道》一书，并由上海广智书局出版。

1906 年

3 月，清朝学部侍郎严修奏请宣示“忠君、尊孔、尚公、尚武、尚实”的教育宗旨，明确将“尚武”作为一项教育方针。

1907 年

陆军讲武堂总办蒋宾臣将“率角术”确定为讲武堂学兵营的体操课程。

1910 年

霍元甲在上海创办精武体操学校。

1911 年

叶云表、马凤图、张恩绶等创办中华武士会。

1912 年

《中华民国临时约法》颁布。

11 月，许禹生等创建北京体育研究社。

1913 年

“壬子癸丑学制”颁布。

“中华新武术”从军队走向民间，开始以普通体育教育的形式出现。

1915 年

全国教育会联合会第一次会议通过了《拟请提倡中国旧有武术列为学校必修科案》。

1917 年

2 月，北京体育研究社附设体育讲习所成立。

1918 年

孙禄堂创编“孙式太极拳”。

2 月，《体育》杂志创刊。

3 月，四川军政当局在成都青羊宫花会期间举行首次全省打擂。

1919年

国会将“中华新武术”列为全国学校正式体操，并通令全国施行。

精武体育会开始向南洋发展。

孙中山于精武体育会成立十周年纪念之际，为《精武本纪》一书作序并亲笔题赠“尚武精神”横匾。

1920年

陈公哲、罗啸敖、陈士超、叶书田、黎惠生五人以精武体育会“五使”的名义赴南洋传播武术。

1921年

9月，雪兰莪精武体育会正式成立。

1922年

香港精武体育会正式成立。

新加坡精武体育会正式成立。

1923年

3月，金宝精武体育会正式成立。

4月，马良、唐豪和许禹生等武术名流在上海联合发起“中华全国武术运动会”。

1924年

澳门精武体育会成立。

1925年

陈微明创建致柔拳社。

1928 年

3 月，国术研究馆成立。

7 月，国术研究馆更名为中央国术馆。

10 月，中央国术馆第一次国术考试在南京公共体育场举行。

1929 年

《中央国术馆组织大纲》颁布。

11 月 16 日，浙江国术游艺大会开幕。

12 月 18 日，上海国术擂台比赛开幕。

1932 年

8 月 16 日，全国体育会议在南京开幕，会议制定了《国民体育实施方案》，该方案阐释了“国术在体育上之地位”。

吴鉴泉创立鉴泉太极拳社。

1933 年

中央国术馆体育传习所于南京孝陵卫成立。

10 月 20 日，中央国术馆第二次国术考试在南京公共体育场举行。

1934 年

2 月，全国国术统一运动筹备委员会第一次会议在中央国术馆会议厅举行，国术统一运动的序幕由此拉开。

红军湘赣军区政治部举行赤色体育运动大会。

1936 年

1 月，中央国术馆和国术体育专科学校组成南洋旅行团，为中央国术馆发展筹募基金。

8 月，第 11 届奥运会在柏林举行，中国派出武术队参加展演。

1942 年

9 月，毛泽东为延安首届体育节题词：“锻炼体魄，好打日本”。

1946 年

无锡市国术研究会成立。

子仁武术研究团成立。

晨光武术健身社成立。

1947 年

意拳研究会成立。

马凤图于兰州创立华斌体育学社。

苏州市青年国术研究社成立。

广东太极联谊社成立。

索　引

参考文献

一、专著

［1］卞人杰．国技概论 [M]. 南京：正中书局，1936.

［2］陈峰．武士的悲哀：北宋崇文抑武现象透析 [M]. 西安: 陕西人民教育出版社，2000.

［3］陈公哲．精武会 50 年 [M]. 沈阳：春风文艺出版社，2001.

［4］陈洪波，黄朝荣．武士日本 [M]. 南京：江苏文艺出版社，2000.

［5］陈墨．刀光侠影蒙太奇：中国武侠电影论 [M]. 北京：中国电影出版社，1996.

［6］陈山．中国武侠史 [M]. 上海：上海三联书店，1992.

［7］陈铁生．精武合战 [M]. 上海：上海社会科学院出版社，2009.

［8］陈小旺．世传陈氏太极拳 [M]. 北京：人民体育出版社，1985.

［9］陈序经．东西文化观 [M]. 北京：中国人民大学出版社，2004.

［10］程大力．少林武术通考 [M]. 郑州：少林书局，2006.

［11］崔乐泉．中国民族传统体育学 [M]. 北京：科学出版社，2018.

［12］董跃忠．武侠文化 [M]. 北京：中国经济出版社，1995.

［13］郭希汾．中国体育史 [M]. 上海：上海文艺出版社，1993.

［14］郭玉成．中国武术史 [M]. 北京：高等教育出版社，2019.

［15］郭志禹．中国武术史简编 [M]. 北京：人民体育出版社，2007.

［16］国家体委武术研究院．中国武术史 [M]. 北京：人民体育出版社，1997.

［17］洪均生．陈氏太极拳实用拳法 [M]. 香港：香港银河出版社，1988.

［18］胡适．胡适之说儒 [M]. 西安：陕西师范大学出版社，2005.

［19］翦伯赞．中国史纲要：第四册 [M]. 北京：人民出版社，1964.

[20] 江百龙．明清武术古籍拳学论析 [M]. 北京：人民体育出版社，2008.

[21] 姜义华．胡适学术文集：哲学与文化 [M]. 北京：中华书局，2001.

[22] 康戈武．中国武术实用大全 [M]. 北京：今日中国出版社，1992.

[23] 雷海宗．中国文化与中国的兵 [M]. 北京：商务印书馆，2001.

[24] 李吉远．明代武术史研究 [M]. 北京：中国社会科学出版社，2018.

[25] 李宁，江百龙．中国武术史略 [M]. 北京：人民体育出版社，1997.

[26] 李延寿．百衲本二十四史：北史 [M]. 北京：商务印书馆，1935.

[27] 李印东．武道神艺：中国武术 [M]. 北京：北京教育出版社，2013.

[28] 李印东．武术释义：武术本质及功能价值体系阐释 [M]. 北京：北京体育大学出版社，2006.

[29] 梁启超．新评中国之武士道 [M]. 冯保善，评点．长春：吉林出版集团有限责任公司，2008.

[30] 梁启超．饮冰室合集 [M]. 上海：中华书局，1932.

[31] 梁漱溟．东西文化及其哲学 [M]. 北京：商务印书馆，1999.

[32] 林伯源．中国武术史 [M]. 北京：北京体育大学出版社，1994.

[33] 林国华．历史的真相：义和团运动的史实及其再认识 [M]. 天津：天津古籍出版社，2002.

[34] 林语堂．中国人：全译本 [M]. 郝志东，沈益洪，译．北京：学林出版社，2000.

[35] 刘俊骧．武术文化与修身 [M]. 北京：中央编译出版社，2008.

[36] 刘峻骧．中国武术文化与艺术 [M]. 北京：新华出版社，1991.

[37] 刘兴汉．游身八卦连环掌：健身篇 [M]. 北京：人民卫生出版社，1986.

[38] 鲁思·本尼迪克特．菊与刀 [M]. 吕万和，熊达云，等，译．北京：商务印书馆，2001.

[39] 鲁迅．中国小说史略 [M]. 北京：人民文学出版社，1973.

[40] 马国兴．古拳论阐释 [M]. 太原：山西科学出版社，2001.

[41] 马良．中华新武术·棍术科 [M]. 上海：商务印书馆，1933.

[42] 马明达．说剑丛稿（增订本）[M]. 北京：中华书局，2007.

[43] 戚继光．纪效新书 [M]. 马明达，点校．北京：人民体育出版社，1988.

[44] 戚继光．纪效新书 [M]. 盛冬铃，点校．北京：中华书局，1996.

[45] 邱丕相．中国武术史 [M]. 北京：高等教育出版社，2008.

[46] 任海．中国古代武术 [M]. 北京：商务印书馆，1996.

[47] 沈寿．太极拳论谭 [M]. 北京：人民体育出版社，1997.

[48] 释永信．民国国术期刊文献集成[M]. 北京：中国书店，2008.

[49] 司马迁，等．点校本二十四史[M]. 顾颉刚，等，点校．北京：中华书局，2011.

[50] 司马迁．史记[M]. 北京：中华书局，1959.

[51] 松田隆智．中国武术史略[M]. 吕彦，阎海，译．成都：四川科学技术出版社，1984.

[52] 孙隆基．中国文化的深层结构[M]. 桂林：广西师范大学出版社，2004.

[53] 唐豪，顾留馨．太极拳研究[M]. 北京：人民体育出版社，1996.

[54] 王鸿鹏，王凯贤，肖佐刚，等．中国历代武状元[M]. 北京：解放军出版社，2002.

[55] 王联斌．中华武德通史[M]. 北京：解放军出版社，1998.

[56] 王兆春．速读中国古代兵书[M]. 北京：蓝天出版社，2003.

[57] 王宗岳．太极拳谱[M]. 沈涛，点校考译．北京：人民体育出版社，1995.

[58] 闻一多．闻一多全集[M]. 北京：生活·读书·新知三联书店，1982.

[59] 吴殳．手臂录[M]. 太原：山西科学技术出版社，2006.

[60] 习云太．中国武术史[M]. 北京：人民体育出版社，1985.

[61] 徐烈．关东武术文化研究[M]. 上海：上海人民出版社，2016.

[62] 徐长青．少林寺与中国文化[M]. 郑州：中州古籍出版社，1993.

[63] 徐哲东．国技论略[M]. 太原：山西科学技术出版社，2003.

[64] 余志超．国文中国民俗 武术[M]. 北京：中国旅游出版社，2004.

[65] 张国臣．中国少林文化学[M]. 郑州：河南人民出版社，1999.

[66] 张孔昭．少林正宗拳经[M]. 孙国中，整理．北京：北京师范大学出版社，1988.

[67] 张山．中国武术百科全书[M]. 北京：中国大百科全书出版社，1998.

[68] 张文广．我的武术生涯[M]. 北京：北京体育大学出版社，2002.

[69] 赵国华．中国兵学史[M]. 福州：福建人民出版社，2004.

[70] 赵双印．清代武术史[M]. 石家庄：河北人民出版社，2005.

[71] 郑勤，田云清．神奇的武术[M]. 南宁：广西人民出版社，2004.

[72] 中国人民大学清史研究所．中国近代史论文集[M]. 北京：中华书局，1979.

[73] 中央国术馆史编辑委员会．中央国术馆史[M]. 合肥：黄山书社，1996.

[74] 周伟良．中国武术史[M]. 北京：高等教育出版社，2003.

[75] 周伟良．中国武术史参考资料选编[M]. 台北：逸文武术文化有限公司，2009.

[76] 周锡瑞．义和团运动的起源 [M]. 张俊义，王栋，译．南京：江苏人民出版社，1995.

[77] 周永祥，周永福，姜周存，等．中国形意拳 [M]. 海口：南海出版公司，1990.

二、期刊

[1] 昌沧．南京中央国术馆始末 [J]. 体育文化导刊，1997（5）：42-44.

[2] 陈琳，王智慧，陈盈．学校武术教学内容及思想的演进与启示 [J]. 体育与科学，2010（5）：32-36.

[3] 陈亚斌．劈挂拳之研究 [J]. 西安体育学院学报，2003（3）：66-69.

[4] 陈在正．论义和团运动时期的毓贤 [J]. 社会科学研究，1982（2）：81-86.

[5] 陈长河．民国时期的中央国术馆 [J]. 历史档案，2009（3）：108-113.

[6] 陈政祥．宋哲元对二十九军的激励 [J]. 菏泽学院学报，2013（S1）：84-87.

[7] 程鹏宇．梅花拳的源流及组织特征研究 [J]. 山东体育学院学报，2011（3）：34-38.

[8] 程啸．乾、嘉朝义和拳浅探：义和团源流论证侧记 [J]. 近代史研究，1981（1）：216-234.

[9] 褚钧，谈可．学校武术发展历程回顾及建议 [J]. 体育科技文献通报，2019，27（9）：152，167.

[10] 崔岷．义和拳冠县起事考 [J]. 史学月刊，2004（2）：64-69.

[11] 戴学稷，董剑平．论义和团运动的历史地位与作用：纪念义和团反帝斗争八十周年 [J]. 内蒙古大学学报（哲学社会科学版），1981（S1）：28-38.

[12] 邓银香，刘澂澂，商洪涛．太极拳源流考 [J]. 福建中医药，2020（2）：58-60.

[13] 丁守伟．论民国武术的国际化 [J]. 武术研究，2017，2（5）：9-12.

[14] 丁言模．中国参加第十一届柏林奥运会纪实 [J]. 德国研究，1996（2）：56-58.

[15] 东泽民．从小农到义和拳首领：赵三多性格的两重性及其嬗变 [J]. 邢台学院学报，2014（3）：37-40.

[16] 董逢伟．洪门与洪拳渊源考究 [J]. 中华武术（研究），2014（8）：48-50，22.

[17] 范景鹏．“飞腿”沙亮在查拳传承中的作用 [J]. 体育学刊，2009，16（2）：109-112.

[18] 甘正永，刘伟．论中华新武术与国粹主义之关系 [J]. 湖北科技学院学报，2013，33（4）：153-154.

[19] 高晓明．发展的界岭：义和团运动对中国武术的转折性影响 [J]. 搏击（体育论坛），2015（11）：84-86.

[20] 亘火．霍元甲：传奇背后的一代宗师 [J]. 中国档案报，2015（1）：1.

[21] 公孙訇．略论义和团运动发源地

及赵三多研究的意义 [J]. 邢台学院学报，2005，20（3）：18–19.

［22］龚茂富 . 民俗生活中民间武术的权力实践与狂欢精神：基于民国青羊宫花会“打金章”的历史人类学考察 [J]. 成都体育学院学报，2017，43（1）：75–80.

［23］郭强，杨祥全，刘雅媚 . 清末民初津门武术社团兴起的历史寻绎 [J]. 体育文化导刊，2014（4）：168–171.

［24］郭玉成，许杰 . 精武体育会与中央国术馆的武术传播研究 [J]. 体育文化导刊，2005（2）：76–79.

［25］郭志禹 . 太极拳养生文化考 [J]. 上海体育学院学报，2004（2）：52–55，62.

［26］韩传来，张华莹 . 义和团运动对中国传统武术发展的影响 [J]. 浙江体育科学，2010，32（2）：103–105.

［27］韩云波 . 中国武侠小说史撰述的类型格局与武侠体验：以创作派林遥的武侠小说史撰述为中心 [J]. 长江师范学院学报，2019，35（3）：1–15.

［28］郝勤，程大力，熊志冲 . 武术与军事武艺异质不同源论 [J]. 体育科学，1990（6）：7–10.

［29］洪军 . 查拳宗师常振芳的武魂之道与家国情怀 [J]. 中国穆斯林，2019（6）：13–15.

［30］黄佩华 . 精武体育会成立年代考 [J]. 体育文史，1991（1）：57–60.

［31］黄俭 . 我国武举制度的发展演变和影响 [J]. 兰台世界，2014（3）：100–101.

［32］姬上兵 . 对形意拳起源、流派与发展的思考 [J]. 山东体育学院学报，2011，27（1）：35–37.

［33］吉灿忠，纪铭霞，郭强 . 中央国术馆馆刊及其社会功能 [J]. 上海体育学院学报，2019，43（2）：119–125.

［34］贾靖 . 沙亮在回族“查拳”发展中的历史贡献考略 [J]. 兰台世界，2014，22（8）：130–131.

［35］蒋华志 . 清末新政新论 [J]. 乐山师范学院学报，1990（2）：24–30.

［36］靳丛林，田应渊 . 鲁迅与杨度改造国民性思想之关联：从杨度与嘉纳治五郎的论辩谈起 [J]. 鲁迅研究月刊，2004（12）：22–26.

［37］康戈武，张文广，门惠丰 . 八卦掌源流之研究（摘要）[J]. 北京体育学院学报，1982（3）：61–62.

［38］旷文楠 . 试论少林武术体系的形成 [J]. 成都体育学院学报，1991（2）：1–7.

［39］赖水香 .“快拳”杨鸿修对查拳的影响和推动 [J]. 兰台世界，2014（13）：94–95.

［40］李冬奎 . 近代军国民思潮对我国武术发展的影响 [J]. 兰台世界，2015（9）：34–35.

［41］李吉远 . 太平天国运动早期武术文化探骊 [J]. 浙江体育科学，2011（4）：79–82，91.

［42］李季芳 . 霍元甲与精武体操学堂（校）[J]. 体育文化导刊，1989（5）：35–36.

[43] 李金鹏.《神助拳》揭帖与平原义和团：兼与张守常教授商榷 [J]. 文物春秋，2000（6）：66–70.

[44] 李力研."武化"与"文化"：中国体育的土壤特征与气候流变 [J]. 武汉体育学院学报，1994（4）：1–10.

[45] 李宁."东亚病夫"的缘起及其演变 [J]. 体育文化导刊，1987（6）：20.

[46] 李佩弦.精武体育会简史 [J]. 体育文化导刊，1983（1）：34–34.

[47] 李世瑜.民间宗教研究之方法论再议：兼评路遥《山东民间秘密教门》[J]. 世界宗教研究，2001（3）：141–147.

[48] 李世瑜.义和团源流试探 [J]. 历史教学，1979（2）：20–25.

[49] 李文鸿，陶传平，吕思泓.中央国术馆组织性质新考 [J]. 体育学刊，2016（3）：38–43.

[50] 李文鸿.民国时期武术的科学化变革 [J]. 山东师范大学学报（人文社会科学版），2014（4）：129–141.

[51] 李喜所.梁启超对戊戌变法的反思：兼评百年来学术界对变法失败原因的考察 [J]. 河北学刊，2001（3）：72–77.

[52] 李印东，李军.从"土洋体育之争"的历史文化背景谈西方体育对武术的影响 [J]. 北京体育大学学报，2010（4）：6–10.

[53] 李印东.论武术与军事的历史渊源 [J]. 北京体育大学学报，2009（12）：10–13.

[54] 栗胜夫.少林武源探讨 [J]. 武汉体育学院学报，1982（3）：74–78.

[55] 梁家贵.《形异神同：中国秘密社会两大系统比较研究》评介 [J]. 高校社科动态，2007（2）：45–48.

[56] 林伯原.民国初期学校武术课程的设置状况 [J]. 体育文化导刊，1994（4）：27–28.

[57] 林小美，厉月姣.清末民初中国武术社团文化研究 [J]. 中国体育科技，2010（2）：134–139.

[58] 刘斌，杨鸣亮.国民政府以"尚武救国"为目标的第一次国术国考 [J]. 山西档案，2016（4）：141–143.

[59] 刘超荣.浅析马良对武术发展的贡献 [J]. 潍坊教育学院学报，1998（3）：62–63.

[60] 刘东波，马振东，周春太.镖局的生存空间与民间武术的传承与创新 [J]. 北京体育大学学报，2008（12）：1631–1634.

[61] 刘笃才.关于清末宪政运动的几个问题 [J]. 中国法学，2002（1）：150–158.

[62] 刘勇.对八卦拳与八卦掌内容的考证与分析 [J]. 上海体育学院学报，2002，26（1）：71–73.

[63] 路遥."义和拳教"钩沉 [J]. 近代史研究，1991（2）：104–129.

[64] 路遥.论义和团的源流及其他 [J]. 山东大学文科论文集刊，1980（1）：36，61.

[65] 吕玉军，陈长河.清末民初的军国民教育思潮的兴起及其衰落 [J]. 军事历史研究，2007（3）：91–99.

［66］麻晨俊，高亮．中央国术馆武术教育考述 [J]. 体育文化导刊，2019（8）：105–110.

［67］马廉祯．弹腿源流与教门弹腿研探 [J]. 回族研究，2011，21（1）：91–94.

［68］马廉祯．马良与近代中国武术改良运动 [J]. 回族研究，2012（1）：37–44.

［69］马明达，蔡智忠．民国时期的甘肃省国术馆摭谈 [J]. 天水师范学院学报，2010，30（1）：18–21.

［70］马明达．试论“回族武术”[J]. 回族研究，2001（3）：62–66.

［71］马燕，马廉祯．近代武术家杨松山 [J]. 回族研究，2020（1）：89–92.

［72］毛利霞．中国代表团与 1936 年柏林奥运会 [J]. 兰台世界，2015（19）：111–112，99.

［73］欧阳恩良．中国秘密社会两大系统比较研究之学术史回顾 [J]. 贵州师范大学学报（社会科学版），2004（4）：37–40.

［74］戚其章．民间秘密结社与近代反洋教运动 [J]. 社会科学研究，1985（4）：51–55.

［75］秦宝琦．清代秘密结社 [J]. 历史教学，1980（11）：61–63.

［76］秦宝琦．天地会档案史料概述 [J]. 历史档案，1981（1）：113–119.

［77］秦双兰，吴晓曦．清末民初直隶武术发展状况研究 [J]. 体育文化导刊，2016（7）：179–183.

［78］阮坤．霍元甲的中国武术精神与贡献 [J]. 兰台世界，2014（6）：97–98.

［79］史成虎．戊戌变法与中国近代的政治制度变迁：以历史制度主义为研究视角 [J]. 天府新论，2012（4）：128–136.

［80］宿继光，张艳婷．清代秘密结社对山西武术发展的影响初探 [J]. 山西师大体育学院学报，2009，24（2）：62–64.

［81］孙韧，张瑞洁．论中国之武士道：解读梁启超心中的中国武士 [J]. 搏击・武术科学，2010，7（1）：29–30.

［82］谭华．“东亚病夫”小史 [J]. 天津体育学院学报，1986（2）：60.

［83］谭华 .20 世纪前期的“国术改良运动”[J]. 北京体育大学学报，2002，25（1）：16–18.

［84］唐文基．洪任辉事件与乾隆的闭关政策 [J]. 东南学术，1994（6）：64–69.

［85］田红菊．清代秘密结社武术活动中的文武场 [J]. 武汉体育学院学报，1999（4）：20–22.

［86］王笛．清末新政与近代学堂的兴起 [J]. 近代史研究，1987（3）：245–270.

［87］王海潮．青岛国术馆英豪传 [J]. 春秋，2015（3）：25–29.

［88］王杰，姜周存．回族查拳武坛奇葩 [J]. 中国穆斯林，2008（6）：51–54.

［89］王军．单刀李存义对近代中国武术的影响与推动 [J]. 兰台世界，2013（5）：104–105.

[90] 王如绘．冠、威义和拳举事口号考证 [J]. 中国近代史，2003（2）：3.

[91] 王思源，史国生．中央国术馆对民国时期武术文化传播的贡献 [J]. 体育研究与教育，2018，33（2）：57–60，74.

[92] 王艳．我国武举制度下的体育兴衰 [J]. 体育文化导刊，2010（6）：132–135.

[93] 王振华，李金鹏．从庙堂之争到义和拳（团）运动：梨园屯教案管窥 [J]. 文物春秋，1991（2）：76–82.

[94] 王智慧．传统惯性与时代整合：武术传承人的生存态势与文化传承 [J]. 上海体育学院学报，2015（5）：75–80，98.

[95] 吴春梅，方之光．戊戌变法失败后梁启超政治思想的演变 [J]. 江苏社会科学，1994（2）：87–92.

[96] 徐诚堂．第二届国术国考研究 [J]. 体育文化导刊，2016（11）：180–183.

[97] 徐冬园．清代民间武术组织的武术活动 [J]. 兰台世界，2013（11）：83–84.

[98] 徐伟军．武术的嬗变与发展 [J]. 北京体育大学学报，2006（5）：684–686.

[99] 徐州，黄新铭．形意拳起源考 [J]. 成都体育学院学报，1983（1）：5–11.

[100] 颜庆．“中土回人，性多拳勇”：查尚义与查拳发展 [J]. 兰台世界，2015（7）：119–120.

[101] 杨天宏．义和团“神术”论略 [J]. 近代史研究，1993（5）：192–207.

[102] 杨祥全．津门武术：独立的武术文化区 [J]. 山东体育学院学报，2012(5)：46–50.

[103] 姚文俊．论中国物理拳种的源流和意义 [J]. 鄂州大学学报，2007，14(2)：63–68.

[104] 野牛．中国秘密社会史研究概述 [J]. 学术界，1991（5）：55–61.

[105] 叶翀翔，原儒建，李铁成．杨式太极拳早期拳式定名特点探究 [J]. 张家口职业技术学院学报，2014，27（1）：49–50.

[106] 佚名．心意拳家买壮图轶闻 [J]. 体育文史，1985（5）：31–33.

[107] 易剑东．试论近代武术军事功能的演化 [J]. 成都体育学院学报，1995(1)：23–28.

[108] 尹洪兰．民国期间的国术统一运动 [J]. 体育学刊，2013（3）：117–120.

[109] 于建胜．一个知县眼中的义和团：以劳乃宣《义和拳教门源流考》为中心的探析 [J]. 山东师范大学学报（人文社会科学版），2010，55（1）：49–53.

[110] 喻德桥．唐豪武术学术思想研究 [J]. 武汉体育学院学报，2017，51（1）：72–76.

[111] 张丽华．梁启超与《中国之武士道》[J]. 云梦学刊，2008（5）：38–44.

[112] 张胜利，郭志禹．中国武术的体育化进程及启示 [J]. 体育文化导刊，2007（9）：54–56.

[113] 张文广. 中国查拳简述 [J]. 首都体育学院学报，1989，1（2）：74-79.

[114] 张颖华. 论清代农业政策对中国传统社会经济的影响 [J]. 湖南社会科学，2008（1）：127-129.

[115] 郑光路. 解放前闻名全国的青羊宫武术打擂 [J]. 体育文化导刊，2003（1）：74-76.

[116] 郑师渠. 梁启超的中华民族精神论 [J]. 文史知识，2007（3）：128-148.

[117] 周传良，于翠兰. 八卦掌渊源新探 [J]. 体育文化导刊，1997（2）：30.

[118] 周伟良. 简论少林学中的少林武功研究 [J]. 体育文化导刊，2006（4）：90-92.

[119] 周伟良. 简论张之江先生的国术技击观 [J]. 中华武术（研究），2017（3）：7-12.

[120] 周伟良. 也谈天地会少林故事的形成原因及对传统武术所产生的影响 [J]. 北京体育大学学报，1991（4）：84-87.

[121] 周锡瑞，叶文心. 论义和拳运动的社会成因 [J]. 文史哲，1981（1）：22-31.

[122] 周雁林. 霍元甲及其武学精神考略 [J]. 兰台世界，2013，18（3）：77-78.

[123] 周渝阳，夏晶. 试论戴季陶所见之武士道本源精神 [J]. 语文学刊（外语教育教学），2016（6）：74-75.

[124] 周忠祥. 中国民间教门与教门文化 [J]. 科学与无神论，2008（4）：50.

[125] 朱来常. 冯玉祥述略 [J]. 江淮论坛，1981（1）：90-96.

[126] 宗锡元，王雪梅，邹宗昂. 谈李式查拳渊源、内容体系、风格特点及发展历史 [J]. 中华武术（研究），2012（11）：45-48.

三、报纸

[1] 李海流. "铁拳将军"关麟征与台儿庄大战[N]. 联合日报，2020-03-21（2）.

四、硕士、博士论文

[1] 郭琦. 山西省宋氏形意拳当代师徒传承特点及其成因研究 [D]. 太原：山西大学，2018.

[2] 韩红雨. 国家与社会视野下沧州武术研究 [D]. 上海：上海体育学院，2015.

[3] 姜惠. 关于武术流派形成因素的研究 [D]. 济南：山东师范大学，2006.

[4] 李斌瑛. 近代中国知识分子对武士道的认识 [D]. 北京：北京外国语大学，2015.

[5] 刘靖. 中央国术馆研究：组织社会学的视角 [D]. 上海：上海体育学院，2013.

[6] 罗仙柱. 中央国术馆师资状况研究 [D]. 苏州：苏州大学，2011.

[7] 申晓勇. 结社集会律与晚清社会 [D]. 武汉：华中师范大学，2002.

[8] 沈继松. 民国时期武汉武馆研究（1912—1938）[D]. 武汉：华中师范大学，2007.

[9] 史慧佳．交流与展示：中国参加1936年柏林奥运会研究[D]. 武汉：华中师范大学，2013.

[10] 谭明玲．民国时期武术理论对中华武术发展作用的研究[D]. 南宁：广西师范大学，2007.

[11] 王会青．山东穆斯林武术活动研究[D]. 济南：山东师范大学，2012.

[12] 王霄凌．齐鲁传统武术拳种发展研究[D]. 济南：山东师范大学，2019.

[13] 王晓晨．学校武术教育百年变迁研究（1915—2015）[D]. 上海：上海体育学院，2017.

[14] 王妍．远东运动会与近代东亚社会的发展[D]. 苏州：苏州大学，2015.

[15] 余坦明．陈独秀青年教育思想研究[D]. 南昌：江西财经大学，2019.

[16] 袁宇宁．民国时期河南省国术馆研究[D]. 郑州：郑州大学，2016.

[17] 张道翠．北京市社会武术组织传播现状的调查[D]. 北京：北京体育大学，2010.

[18] 张津铷．中央国术馆的历史价值与当代启示[D]. 苏州：苏州大学，2017.

五、其他

[1] 谢玉明．中国近代爱国武术家：霍元甲[Z]．天津：天津市西青区文化局编审，2000.